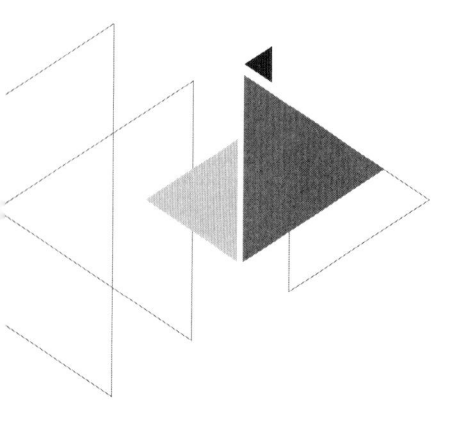

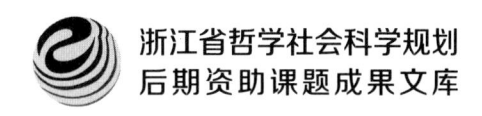

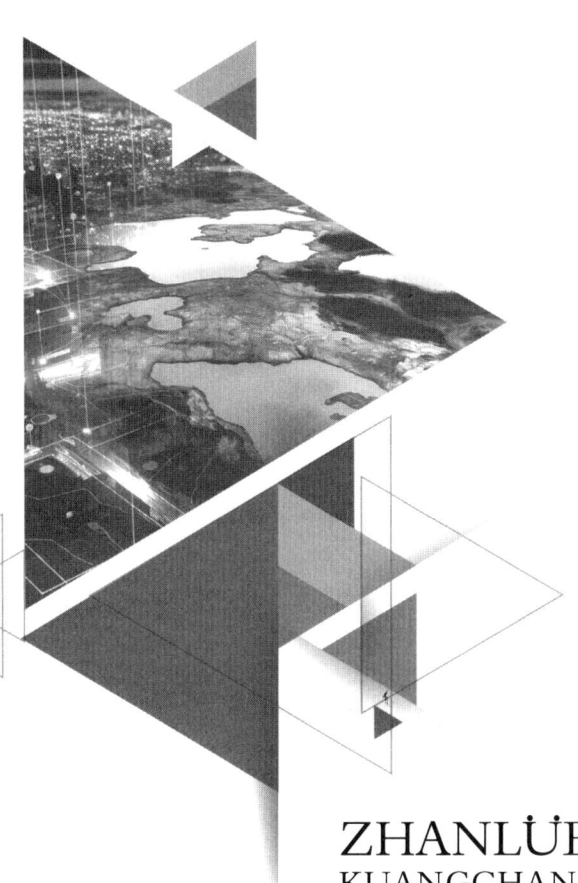

浙江省哲学社会科学规划
后期资助课题成果文库

ZHANLÜEXING
KUANGCHAN ZIYUAN
QUANQIU MAOYI WANGLUO GEJU
YANHUA JI RENXING PINGGU

战略性矿产资源全球贸易网络格局演化及韧性评估

沈曦 ◎著

中国财经出版传媒集团
经济科学出版社
·北京·

图书在版编目（CIP）数据

战略性矿产资源全球贸易网络格局演化及韧性评估 / 沈曦著. -- 北京：经济科学出版社，2025.5. -- ISBN 978-7-5218-7013-8

Ⅰ. F416.1

中国国家版本馆 CIP 数据核字第 2025M2P613 号

责任编辑：刘　丽
责任校对：易　超
责任印制：范　艳

战略性矿产资源全球贸易网络格局演化及韧性评估
沈　曦　著
经济科学出版社出版、发行　新华书店经销
社址：北京市海淀区阜成路甲 28 号　邮编：100142
总编部电话：010-88191217　发行部电话：010-88191522
网址：www.esp.com.cn
电子邮箱：esp@esp.com.cn
天猫网店：经济科学出版社旗舰店
网址：http://jjkxcbs.tmall.com
北京季蜂印刷有限公司印装
710×1000　16 开　11.75 印张　180000 字
2025 年 5 月第 1 版　2025 年 5 月第 1 次印刷
ISBN 978-7-5218-7013-8　定价：68.00 元
（图书出现印装问题，本社负责调换。电话：010-88191545）
（版权所有　侵权必究　打击盗版　举报热线：010-88191661
QQ：2242791300　营销中心电话：010-88191537
电子邮箱：dbts@esp.com.cn）

前　言

我国是世界上制造业体系最为完备的国家之一，每年需要进口大量矿产资源以满足生产生活需要。2016年国土资源部颁布的《全国矿产资源规划（2016—2020年）》明确将24种矿产资源列为国家重点关注的矿产，而在这24种战略性矿产资源的供给来源中，国际贸易是其中最重要的供给方式之一，如锂和镍等能源金属、石油、铁矿石等资源，中国的对外依存度超过70%，铬、钴、铂、钾盐等全国储量极低，属于严重短缺矿产（王永中，2022）。作为对国家产业发展有重要支撑作用的战略性矿产资源，其国际贸易网络在面对自然灾害、地缘政治、突发公共卫生事件等突发风险冲击时，极易给网络中的节点国家（地区）带来不可估量的损失。因此，对战略性矿产资源贸易网络格局和节点韧性进行科学评估，以识别和评价全球战略性矿产资源供应链网络中的韧性薄弱点，并针对性提出强链、补链、延链的提升策略，对于提升我国资源供给安全具有重要意义。

为此，本书以战略性矿产资源全球贸易网络中的突发风险为背景，选择对于我国"双碳"目标的实现和新能源产业发展具有重要意义，同时对外依存度较高的镍和锂两种战略性矿产资源为例，研究了战略性矿产资源贸易网络中的两个重要问题：一是战略性矿产资源全球贸易网络的格局及演化问题。全球主要经济体在保障资源安全供给问题上均不遗余力，欧盟、美国、中国、日本、澳大利亚等先后提出了基于本国立场的战略性矿产清单，在战略性矿产资源全球争夺的背景下，其全球贸易受到地缘政治、贸易联盟等多种非贸易因素影响，在网络中形成了许多大大小小的社区结构。对战略性矿产资源贸易网络格局和社区演化进行深入研究，可以为其贸易宏观形势的把控提供数据支撑，保障我国资源供给安全，提高我国资源政策制定的科学性和有效性。二是战略性矿产资源贸易网络中的节点韧性评估问题。战略性矿产资源的全球贸易往往依靠少数几个主要出产国，极易受到地缘政治、自然灾害、公共卫生事件等突发风险的冲击而出现供给中断，因此从宏观角度出发研究战略性矿产资源全球贸易网络中突发风险的传导机制及节点国家（地区）的风险韧性评估方法对于资源安全具有重要意义。

针对以上两个主要研究问题，本书基于复杂网络相关理论，对以镍矿资源和锂矿资源为代表的战略性矿产资源全球贸易网络进行了深入分析。本书主要包括以下研究工作。

（1）运用全球贸易数据以贸易参与国家（地区）作为节点，国家（地区）间进出口贸易往来作为网络的连边构建战略性矿产资源贸易复杂网络模型，并运用网络的度及度分布、节点的度中心性、中介中心性等复杂网络统计指标对其网络拓扑结构进行分析，以掌握战略性矿产资源全球贸易网络格局基本特征。本书选取镍矿资源产业链中六种产品和基础锂产品数据分别进行复杂网络建模，从产业链多种产品以及单级产品的角度对两个矿种的相关产品全球贸易格局进行了深入分析。

（2）战略性矿产资源在国家产业发展中处于重要的战略支撑地位，其贸易网络形成过程受到地缘政治、国家（地区）间贸易紧密度等因素的重大影响，出现一些贸易联盟和抱团现象。本书运用复杂网络社区划分的经典算法 BGLL 对战略性矿产资源贸易网络进行社区划分，通过多时间切片的贸易网络社区划分结果，分析其网络社区结构的演化趋势，有助于对战略性矿产资源全球贸易形势的掌控。本书对镍矿资源和锂矿资源 2010 年、2013 年、2016 年和 2019 年的网络进行社区划分，分析网络格局结构特征和演化特性。为进一步评价资源进口国在供给短缺中的资源进口竞争能力，结合以上网络社区划分和格局分析，运用节点的全局重要性、局部重要性、进口国主导地位、进口集中度指数、需求价格指数五个维度的指标对镍矿资源和锂矿资源进口国进口竞争能力进行评价，评价结果将作为仿真分析的重要数据支撑。

（3）从战略性矿产资源国际贸易的特性出发，基于在突发风险传导过程中对于各国损失可能有所影响的贸易格局因素、价格因素、供需因素、产业链投入产出依赖关系、国家（地区）间贸易竞争能力等关键因素，基于多层复杂网络理论构建包含贸易层、信息层和价格指数层的战略性矿产资源全球贸易复杂网络模型，并运用改进的级联失效模型构建相应的突发风险传导模型，形成战略性矿产资源贸易网络突发风险仿真研究框架，最后基于多风险场景的仿真结果，通过双对数线性回归模型计算节点的韧性评价结果。

（4）基于战略性矿产资源供给突发风险仿真研究框架，对全球镍矿资源和锂矿资源贸易网络突发风险进行多场景仿真分析，并运用主要节点国家（地区）的进口损失仿真结果，以节点损失规模对风险源、风险规模、价格波动的敏感程度作为节点韧性的度量，最后基于研究结果提出针对战略性矿产资源供应链强链、补链、延链的韧性提升对策建议，为提升我国战略性矿产资源安全水平提供方法支撑。

本书基于复杂网络相关理论对战略性矿产资源全球贸易网络的社区格局和节点韧性进行评估，主要具有以下创新点。

（1）提出了供给短缺情景下相对不同竞争对象的战略性矿产贸易网络节点资源进口竞争能力评价方法。

（2）构建了基于多层复杂网络模型和级联失效模型的战略性矿产资源风险仿真推演研究框架，量化评估了多风险场景中网络节点的损失情况。

（3）提出了新的战略性矿产资源贸易网络节点韧性的度量方法，该方法基于节点进口损失规模对风险参数的敏感性分析。

目录

第1章 绪论 ·· 1
  1.1 研究背景及意义 ··· 1
  1.2 研究内容、研究方法与技术路线 ·· 8
  1.3 研究创新点 ·· 13

第2章 战略性矿产资源全球供应链网络 ·· 15
  2.1 战略性矿产资源供给安全 ··· 15
  2.2 供应链（贸易）复杂网络分析方法 ··· 22
  2.3 网络韧性 ··· 34
  2.4 本章小结 ··· 39

第3章 战略性矿产资源国际贸易网络格局分析
      ——以镍、锂为例 ·· 41
  3.1 战略性矿产资源国际贸易网络模型构建及网络分析指标 ········· 41
  3.2 全球镍矿资源贸易网络格局 ··· 44
  3.3 全球基础锂产品贸易网络格局 ·· 61
  3.4 本章小结 ··· 76

第4章 战略性矿产资源贸易网络社区演化分析
      及节点进口竞争力评价 ··· 78
  4.1 基于BGLL算法的战略性矿产资源贸易网络社区划分
       与演化分析 ·· 78

4.2 供给短缺情景下战略性矿产资源贸易网络节点
　　　进口竞争力评价 ·· 98
4.3 本章小结 ·· 122

第5章 战略性矿产资源贸易网络突发风险仿真模型
　　　及节点韧性的度量 ·· 123
5.1 基于多层复杂网络理论的战略性矿产资源贸易模型构建 ······ 123
5.2 基于改进级联失效的战略性矿产资源贸易网络突发风险
　　传导模型 ·· 128
5.3 基于多场景仿真结果的网络节点风险韧性评价 ······················ 134
5.4 本章小结 ·· 135

第6章 镍、锂矿产品贸易网络突发风险仿真
　　　及节点韧性评估 ·· 136
6.1 全球镍矿资源贸易网络风险仿真及关键节点韧性评估 ·········· 136
6.2 全球基础锂产品贸易网络风险仿真及关键节点韧性评估 ······ 144
6.3 本章小结 ·· 150

第7章 战略性矿产资源贸易网络韧性提升策略 ······························ 151
7.1 强链 ·· 151
7.2 补链 ·· 154
7.3 延链 ·· 158

第8章 总结与展望 ·· 160
8.1 总结 ·· 160
8.2 研究展望 ·· 163

参考文献 ·· 164

第 1 章 绪　　论

1.1 研究背景及意义

1.1.1 研究背景

1. 战略性矿产资源时空分布的不均衡性

战略性矿产资源是产业升级发展的物质基础，其时空分布的不均衡性令多数国家（地区）战略性矿产资源对外依赖度较高，国际贸易成为资源供给的重要途径。

随着发展层次和发展理念的不断提升，人类对产品的需求也不断升级，新需求催生出新一轮的科技革命和产业变革，以新材料、新技术为代表的技术密集、综合效益高的新兴制造业开始飞速发展，伴随着全球范围内的经济增速减缓和气候恶化等问题，以智能化制造、先进制造、能源结构改革等为代表的新兴产业成为全球主要经济体提升本国经济发展质量、形成更强核心竞争力的集中选择。

21世纪以来，随着全球高端制造业和科技创新的不断突破，工业4.0和第四次科技革命的概念不断被提及，各主要国家先后提出了本国先进制造业改革发展战略和产业升级计划，这些发展战略的集中调整对矿产资源的供给形成了新的压力。矿产资源作为国家制造产业发展的物质基础，随着产业发展、需求重点的改变以及矿种分布的差异性，不同种类的矿产资源逐步在各国经济发展中显现出不同的战略关键性。一些相对稀有且在现代制造业中暂不可替代的矿产资源供给安全问题逐渐受到一些制造业大国的重视，中国、美国、欧盟、澳大利亚和日本等先后发布了本国（地区）重点关注的矿产资源目录（以下统称战略性矿产），战略性矿产资源成为世界各国关注的热点问题。

各国（地区）所提出的战略性矿产资源目录虽然出发点主要考虑的是对本国（地区）产业有相当重要性的矿产种类，但因产业发展、技术突破和需求重叠等原因，世界主要国家（地区）如中国、美国、欧盟、澳大利亚、日本等，其战略性矿产资源名录具有相当大的重叠比例，如图1.1所示。战略性矿产资源相比传统大宗矿产资源多数呈现时空分布不均衡、储量相对较少、难以替代等特点，这些因素直接导致了其全球争夺形势日趋严峻。例如，中国有较大储量优势的稀土资源在多个国家（地区）的战略性矿产名录中出现，近年来中国出于环保和合理利用的考虑采取限产和配额措施管控出口供给，令欧美日德等国家（地区）反应剧烈，日本因此联合美英德法等国驻华大使向中国施压，美欧等国家（地区）甚至向WTO组织提起诉讼。而澳大利亚、南非等矿产资源出口大国，凭借自身优势资源禀赋，频频通过税收手段操控铁矿、锰矿等资源的出口价格，并将矿产资源出口作为政治工具进行使用。一些跨国矿业公司近年来也积极谋求全球资源的垄断地位。在国际政治利益集团和资本利益集团的资源争夺中，资源政治化、资源民族主义等趋势不断显露。

战略性矿产资源相比传统大宗矿产资源普遍存在时空分布高度不均衡、储量相对较小、难以替代等特点。在资源二次利用产业不断发展、科技创新能力提升、资源探测和开发技术提升的背景下，各国获取战略性矿产资源的途径有所增加，但多数种类的战略性矿产资源可持续供给仍然越来越依靠进口贸易，外部资源的稳定供给成为国家矿产资源安全的主要支撑。

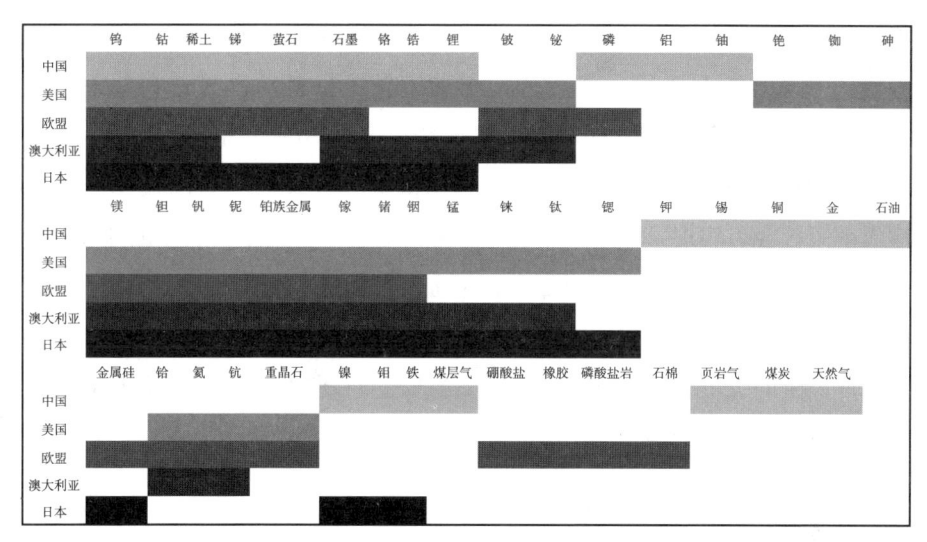

图1.1 全球主要经济体战略性矿产资源目录

资料来源：《全国矿产资源规划（2016—2020）》、USGS（2022）、*Study on the EU's list of Critical Raw Materials*（2020）、《澳大利亚战略性矿产战略（2019）》和《稀有金属保障战略（2009）》。

以铜为例，全球铜矿资源探明储量的1/4分布在智利，美国铜矿探明储量也占据了世界的14.2%；铝矾土则集中在西非、南美等地，几内亚和澳大利亚占据了世界的40%以上；还有锡矿、铀矿、锂矿等，50%以上的锡矿资源分布于东南亚国家，澳大利亚、哈萨克斯坦和加拿大三国的铀矿资源储量占据了世界82%以上份额，全球80%以上的锂矿资源分布在玻利维亚和智利两国；还有一些矿产如锰矿和铂族金属矿产的分布更为集中，南非一国的锰矿资源储量就占据了世界的80%，其铂族金属资源的份额甚至接近世界的90%。这种矿产资源分布的高度不均衡性，以及相关需求的不断上涨，让许多矿产资源消费大国的资源对外依存度持续升高。

囿于资源禀赋的限制以及资源陷阱等问题，多数种类战略性矿产的主要开采国往往不是主要的中间消费国或最终消费国，没有制造业强国能够做到所有品种的矿产都能够自给自足。因此，矿产资源的国际贸易对于矿业消费大国来说，是保障和促进国家战略性矿产资源供给安全、产业健康发展的重要支撑。中国作为世界上最大的发展中国家，拥有最完整的制造业体系，每年对各种矿产资源的需求量巨大。在世界多数发达国家钢产量大幅萎缩的形势下，中国仍然生产了全球接近一半的钢铁，每年向世界进口总需求的60%以上的铁矿石，铜的对外依存度更是超过了70%，而锰、钴、镍、铬等矿种更是几乎全部依靠进口来保障资源供给。"十四五"时期是我国全面建成小康社会、实现第一个百年奋斗目标之后，乘势而上开启全面建设社会主义现代化国家新征程、向第二个百年奋斗目标进军的第一个五年。我国经济已经从高速发展阶段转向高质量发展阶段，此时，战略性矿产资源作为事关国计民生的关键生产要素，其国际贸易安全问题对于我国新发展阶段的顺利奠基有着举足轻重的作用。

2. 风险频发带来的风险冲击

地缘政治、自然灾害、公共卫生事件等突发风险对战略性矿产资源贸易网络的频繁冲击带来了巨大的资源安全风险，对网络格局演化和风险韧性的评估是国家资源安全保障体系的重要内容。

战略性矿产资源对于国家高质量发展的产业变革具有重要意义，其供给安全直接影响国家综合国力的稳定发展，随着战略性矿产资源全球争夺愈演愈烈，资源安全的研究范围早已从早期的能源安全范畴扩充到所有对国家产业持续健康发展有重要支撑作用的矿种和原材料。在战略性矿产资源高度垄断的供给形势下，对战略性矿产资源的国际贸易的掌控能力成为许多国家的政治资本，政治、外交等因素的掺杂让矿产资源国际贸易网络形成了非市场化的贸易格局。

我国与以美国为首的发达国家在矿产资源的争夺中长期相互博弈，近年来随着中美贸易摩擦的不断升级，美国联合其盟友在战略性矿产资源的对华贸易中不断施加政治影响，企图依靠其政治和资本集团的力量对中国战略性矿产资源的贸易供给施加影响，通过钳制中国战略性矿产资源的进口来遏制中国产业升级战略的实现，削弱中国国家实力。在这些非贸易因素的综合影响之下，各国为保障自身的国家安全，必须综合考虑各种非贸易因素对战略性矿产资源供给的影响，慎重考虑贸易对象的稳定性，因此深入研究和分析战略性矿产的全球贸易格局,探究全球战略性矿产宏观贸易形势的变化趋势,对于国家宏观资源安全政策的制定具有重要意义。

伴随通信和运输技术推动下的贸易全球化以及产业链的国际分工,全球产业的规模化集中生产带来了生产效率的不断提升,与此同时,这种产业链和贸易链所构成的贸易网络也极有可能因个别主要节点的扰动,通过贸易和产业依赖的关系让风险迅速扩散到整个网络,带来全球性的影响。特别是矿产资源的国际贸易问题涉及较长的产业链和贸易运输,让矿产资源的国际贸易网络尤其容易因生产、加工、运输、公共卫生事件等因素受到风险的扰动。

当今世界正经历百年未有之大变局,特别是全球经济下行、国际金融危机、国际政治局势动荡等全球性冲击的频繁发生,直接导致了经济全球化退潮、全球产业链供应链逆全球化,战略性矿产资源作为"硬通货"。随着供需形势的变化,越来越多的因素开始影响战略性矿产资源全球供应链网络,自然灾害、地缘政治、大范围公共卫生事件等突发风险所引起的供应中断时有发生,给国家、社会、产业和企业带来了巨大的损失。如2008年,全球主要铜生产国智利、秘鲁、墨西哥以及赞比亚等国家的部分铜矿相继发生罢工事件,受矿石供应不足影响,我国铜产量受到相当的损失;2019年印度尼西亚第一次施行镍原矿石出口禁令,中国镍矿石进口受到严重影响导致镍铁产量出现明显下滑;2020年,新冠疫情暴发,全球最大的铬铁生产商之一——南非萨曼科铬业公司宣布,由于南非长达21天的封锁措施,导致全球铬矿市场的供应进一步中断。这些矿产资源供应网络中的关键节点,因为突发风险的冲击,往往会通过供应链网络带来全球性的影响。参与并依赖战略性矿产资源国际贸易的国家在突发风险频发的大环境下,极易受到资源安全的威胁。

以系统的视角看待战略性矿产资源的全球供应链网络,各种突发风险可以视为外界因素对系统稳态的冲击,而系统以及系统中的个体在面对风险冲击时,保持自身稳态并从风险冲击中恢复的能力被称为"韧性"(彭翀等,2018;韩增林等,2022)。通过对韧性的评估来衡量抗风险能力的研究方法受到了多学科学者的广泛采用（王昶等，2017；龙如银和杨家慧，2018；成金华等，2021）。全球化背景下的战略性矿产资源贸易供应网络受到多种不确定因素的影响，各国政府和学者对于资源安全的内涵、影响机制、风险评估等问题的重视程度不断加深。突发风险频发所带来的资源供给风险对国家产业发展造成了严重影响，特别是中国对外依存度极高的战略性矿产资源供给深受其害，亟须针对贸易网络突发风险问题提出有效的风险损失评估框架，完善国家资源安全保障体系。

3. 新能源产业成为竞争热地

全球能源变革共识下，新能源产业相关矿产资源成为世界各大经济体竞相争夺的热地。

2021年3月15日习近平总书记在中央财经委员会第九次会议上指出，"实现碳达峰、碳中和是一场广泛而深刻的经济社会系统性变革，要把碳达峰、碳中和纳入生态文明建设整体布局，拿出抓铁有痕的劲头，如期实现2030年前碳达峰、2060年前碳中和的目标"。气候变化是人类共同面临的全球性问题，随着全球气候变暖问题不断严峻，能源绿色化、低碳化已成为全球共识，新能源产业需求的快速扩张带动锂、钴、镍等能源金属矿产需求大涨。2021年美国战略与国际问题研究中心（CSIS）发布题为《战略性矿产供应链的地缘政治》的报告称，随着清洁能源成为地缘经济竞争的最新"热地"，相关技术所需的矿产和材料供应链安全已成为战略问题。在全球新能源产业浪潮和不锈钢需求量不断上升的双重席卷之下，国际能源署（IEA）此前也预计，未来20年内全球对镍的需求将增长20倍。

中国是全球锂电池和不锈钢生产和消费大国，特别是新能源电池产业在全球产量比重已经超过了70%，相比之下中国却不是镍矿和锂矿资源的储备大国，全球72%的镍产量集中在印度尼西亚、菲律宾、俄罗斯、新喀里多尼亚、澳大利亚和加拿大，中国目前探明的镍矿资源储量仅占全球总量的3.7%；根据美国地质调查局2023年发布的数据，我国锂资源量约为680万吨，在全球范围内位居第六。中国镍矿资源储量极少，锂矿资源储量不占优势,却产出全球70%的锂电池以及60%的不锈钢,镍矿和锂矿资源供需形势较为严峻,严重依赖资源进口。随着中国"双碳"目标的提出,镍矿资源和锂矿资源的贸易供给将随着能源结构改革战略的快速发展而进一步严峻,在现有技术水平和储量形势下,中国镍矿和锂矿资源的对外依存现状难以在短时间内得到本质上的改善,在未来很长一段时间内,进口仍然将是中国镍矿和锂矿资源的主要供给方式,因此对全球镍矿资源和锂矿资源贸易网络的格局及主要节点国家(地区)在贸易网络突发风险传导过程中的韧性评估显得尤为重要。

1.1.2 研究意义

1. 理论意义

在战略性矿产资源全球争夺的宏观背景下,对资源的掌控能力成为许多国家的政治资本和国家实力的保障,因此其贸易格局受到政治、外交等非贸易因素的集中影响,网络拓扑结构中形成了大量的社区结构。将战略性矿产资源贸易网络中的社区挖掘和演化分析纳入贸易格局的研究范畴能够更好地揭示战略性矿产资源宏观供给形势和演化特点。

此外,国际贸易是大多数战略性矿产资源的主要供给方式,在众多针对战略性矿产资源供给风险的相关研究中,较少有聚焦其贸易网络突发风险传导过程并量化评估风险损失的相关研究。以系统科学的理论方法对战略性矿产资源贸易网络和突发风险传导机制进行建模,通过仿真推演分析突发风险在网络中的传导机制及影响规模等问题,并以韧性视角评价贸易网络节点在风险传导中的抗风险能力,对于资源安全评价理论体系的完善具有重要意义。

2. 现实意义

随着气候变暖问题的日渐严峻,全球范围内的能源结构改革已成为共识。与新能源产业密切相关的锂、镍等能源金属成为世界各大主要经济体的争夺热地。中国作为世界主要的锂电池和不锈钢生产和消费国，镍矿和锂矿资源对外依存度极高，在地缘政治、大规模公共卫生事件等突发风险频发的当今，极易因进口中断受到资源安全的威胁。镍矿和锂矿资源的全球贸易格局是各国博弈和妥协的结果，通过对其拓扑结构特别是网络社区结构演化过程的分析，能够对把握镍矿和锂矿资源的宏观供给形势提供有效支撑。

此外，本书依靠所提出的战略性矿产资源贸易网络突发风险仿真推演研究框架，对多风险场景下中国镍矿和锂矿资源的进口损失情况进行仿真分析，并评估了中国及其他主要进口国家（地区）的风险韧性以便进行横向对比，研究内容对于国家（地区）快速识别和评估两矿种未来可能受到的风险冲击并提前制定风险应对策略及相关资源政策，保障和提高我国镍矿资源和锂矿资源安全具有重要现实意义。

1.2 研究内容、研究方法与技术路线

1.2.1 研究内容

本书包括以下四部分核心内容，各部分间逻辑关系如图 1.2 所示。

1. 研究内容一：全球镍矿产品和基础锂产品贸易网络格局分析

战略性矿产资源的全球贸易网络明显表现出小世界、无标度等复杂网络性质，运用全球贸易数据以贸易参与国家（地区）作为节点，国家（地区）间进出口贸易往来作为网络的连边构建战略性矿产资源贸易复杂模型，并运用网络的度及度分布、节点的度中心性、中介中心性等复杂网络统计指标对其网络拓扑结构进行分析，以掌握战略性矿产资源全球贸易网络格局特征（见图 1.3）。本书选取镍矿资源产业链中六种产品和基础锂产品数据分别进

行复杂网络建模，分别从产业链多种产品以及单级产品的角度对两个矿种的相关产品全球贸易格局进行深入分析研究。

```
         宏观贸易形势                    中观贸易格局
  ┌──────────────────┐         ┌──────────────────────┐
  │ 镍矿、锂矿资源全球  │         │ 镍矿、锂矿资源全球贸易 │
  │ 贸易网络整体格局    │         │ 网络社区划分与演化分析  │
  │      第3章         │         │（总体情况、主要产品情况）│
  └──────────────────┘         │       第4章           │
                                └──────────────────────┘
         全局重要性 ↘              ↙ 局部重要性
    节点异质性评价   ┌──────────────────┐
                    │ 节点国家资源进口    │
                    │ 竞争能力评价        │
                    │      第4章         │
                    └──────────────────┘
                          ↓ 风险分摊策略
    风险仿真及节点  ┌──────────────────┐
    韧性评价        │ 关键矿产资源贸易    │
                    │ 网络突发风险仿真    │
                    │ 研究框架            │
                    │      第5章         │
                    └──────────────────┘
                          ↓
                    ┌──────────────────┐
                    │      数值仿真       │
                    │（镍矿及锂矿相关产品）│
                    │      第6章         │
                    └──────────────────┘
```

图 1.2　研究内容逻辑概况

```
  ┌──────────────────┐      ┌──────────────┐
  │ 关键矿产资源全球贸易│─┬──→│ 入度、出度    │
  │ 网络格局分析        │ │   └──────────────┘
  ├──────────────────┤ │   ┌──────────────┐
  │ 镍矿产业链六种产品  │ ├──→│ 度分布        │
  ├──────────────────┤ │   └──────────────┘
  │ 基础锂产品          │ │   ┌──────────────┐
  └──────────────────┘ ├──→│ 节点的度中心性 │
                        │   └──────────────┘
                        │   ┌──────────────┐
                        └──→│ 中介中心性    │
                            └──────────────┘
```

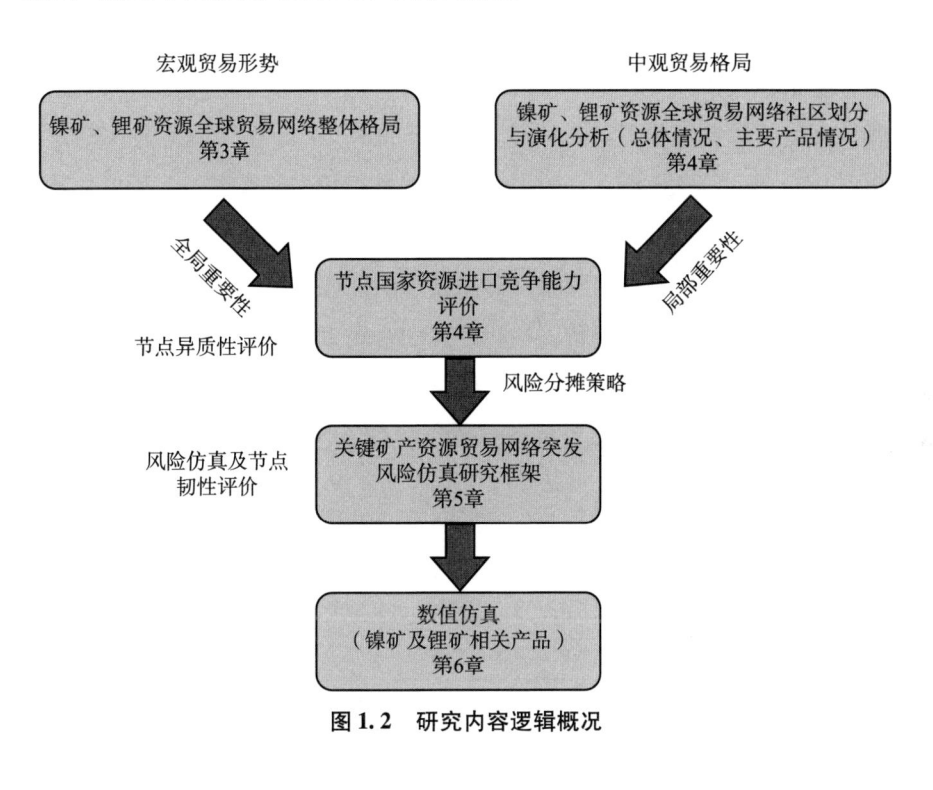

图 1.3　研究内容一

2. 研究内容二：战略性矿产资源贸易网络社区演化分析及节点资源进口竞争力评价

本书运用布隆德尔、吉约姆、朗比奥特和列裴伏尔（Blondel V D，

— 9 —

Guillaume J L, Lambiotte R & Lefebvre E）提出的复杂网络社区划分的经典算法 BGLL 对战略性矿产资源贸易网络进行社区划分，将划分的社区作为节点构建低分辨率的战略性矿产资源贸易网络，通过多时间切片的贸易网络社区划分结果，分析其贸易网络社区结构的演化趋势有助于战略性矿产资源全球贸易形势的掌控。本书对镍矿资源和锂矿资源 2010 年、2013 年、2016 年和 2019 年的贸易网络进行社区划分，分析战略性矿产国际贸易网络格局结构特征和演化特性。

为进一步评价资源进口国在供需短缺中的资源进口竞争能力，结合以上贸易网络社区划分和格局分析，运用节点的全局重要性、局部重要性、进口国主导地位、进口集中度指数、需求价格指数五个维度的指标对镍矿资源和锂矿资源进口国进口竞争能力进行评价（见图 1.4），评价结果将作为仿真分析的重要数据支撑。

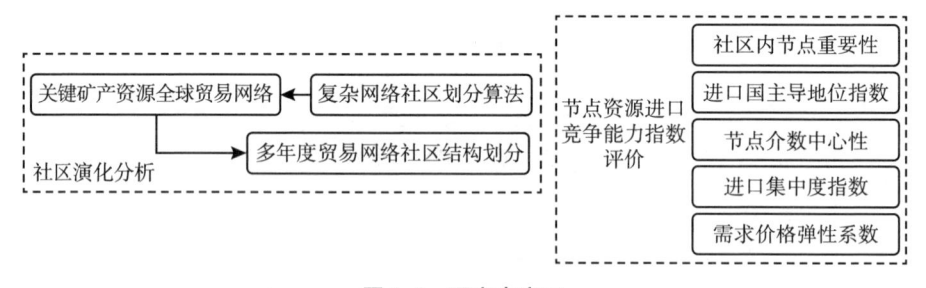

图 1.4　研究内容二

3. 研究内容三：战略性矿产资源贸易网络突发风险仿真模型

本书从战略性矿产资源国际贸易的特性出发，选取在突发风险传导过程中对于各国损失可能有所影响的贸易格局、价格、供需、产业链投入产出依赖关系、国家（地区）间贸易竞争能力等关键因素，基于多层复杂网络理论构建包含贸易层、信息层和价格指数层的战略性矿产资源全球贸易复杂网络模型，并运用改进的级联失效模型构建相应的突发风险传导机制，形成战略性矿产资源贸易网络突发风险仿真研究框架（见图 1.5），最后基于多风险场景的仿真结果，通过双对数线性回归模型计算节点的进口损失规模对风险源、风险规模的敏感程度作为节点韧性的度量。

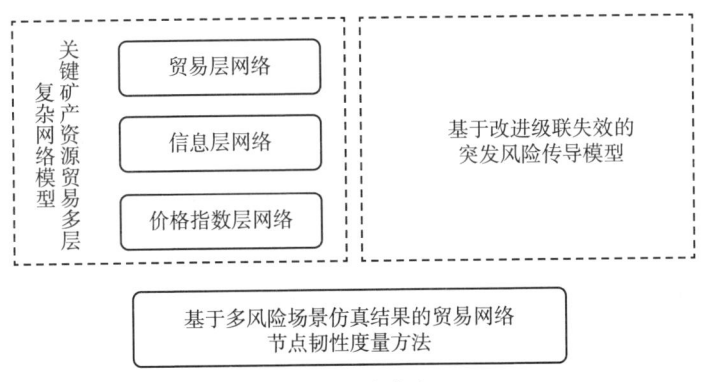

图 1.5　研究内容三

4. 研究内容四：基于复杂网络风险扩散仿真分析结果的节点韧性度量

本书基于提出的战略性矿产资源贸易突发风险仿真研究框架，对全球镍矿资源和锂矿资源贸易网络突发风险进行多场景仿真分析，并基于仿真结果对主要节点国家（地区）的风险韧性进行双对数线性回归获得节点的韧性评价结果（见图1.6），最后基于研究结果提出相应的对策建议。

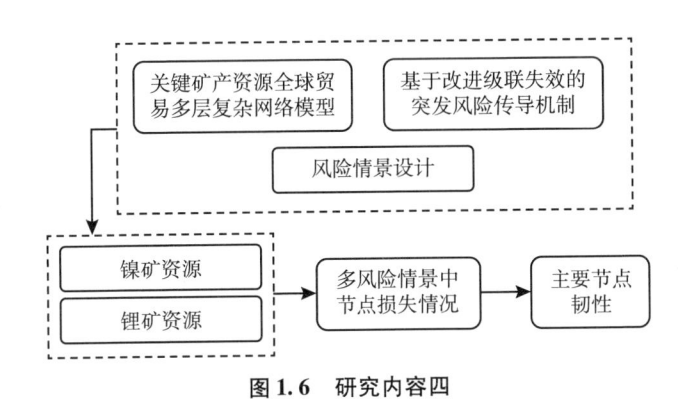

图 1.6　研究内容四

1.2.2 研究方法

1. 基于模块度最优的 BGLL 社区划分算法

复杂网络社区发现算法中，模块度应用最为广泛，BGLL 算法是基于模块度最优的启发式算法，通过将社区发现问题转化为优化问题，然后以社区划分模块度最优为目标搜索最优解。BGLL 算法的优点在于划分速度快，并且可发现不同分辨率的社区结构，属于从下向上的凝聚式社区发现算法。

2. 有向加权的 PageRank 节点重要度评价算法

PageRank 算法最初被用来对互联网中网页的重要性进行评价，其核心思想是通过被链入的概率和来源网页的重要性对网页进行 PageRank 值计算，是一个迭代更新直到收敛的过程。应用 PageRank 算法对战略性矿产资源社区子网络中的节点进行重要性评价契合贸易流在贸易网络中的流动，并且规避了 PageRank 算法在网页重要性排序中的主题混淆问题。

3. 复杂网络建模与仿真

复杂网络建模与仿真研究方法对于揭示现实网络的复杂性提供了重要的切入点，通过分析研究对象的特性，将真实网络的个体映射为复杂网络节点，将个体间的联系映射为网络的连边，针对不同的研究重点进行复杂网络建模并引入个体间互动规律，以便推演和揭示网络形成及演化机制对研究问题进行实证分析。

4. 双对数线性回归模型

本书通过构建的战略性矿产资源贸易网络风险仿真模型对突发风险

第 1 章 | 绪　　论

进行多场景仿真以获取多组节点损失仿真结果，借鉴需求价格弹性的概念定义，以节点损失对于特定风险源风险规模的敏感度作为节点韧性的度量，在运用对多组仿真结果计算节点韧性时使用了双对数线性回归模型。

1.3　研究创新点

（1）提出了供给短缺情景下相对不同竞争对象的战略性矿产贸易网络节点资源进口竞争能力评价方法。

以往研究在对节点国家（地区）资源竞争能力的异质性分析中没有对国家（地区）的竞争对象进行划分，将所有国家（地区）放在一起进行异质性分析，本书对节点国家（地区）的资源竞争能力的评价方法不仅考虑了突发风险带来的供需失衡背景，而且以相同进口来源为划分标准，对竞争对象进行了详细划分，综合节点的全局重要性、局部重要性、进口国主导地位指数、进口集中度指数、需求价格弹性五个维度对节点的进口竞争能力进行分别评价。

（2）构建了基于多层复杂网络模型和级联失效模型的战略性矿产资源风险仿真推演研究框架，量化评估了多风险场景中网络节点的损失情况。

现有研究中，较少运用风险仿真推演的方法解决战略性矿产资源供给风险相关问题。本书基于多层复杂网络理论构建战略性矿产资源贸易网络模型，并基于改进的级联失效模型提出了突发风险传导机制，形成了以仿真推演来评价节点国家（地区）在战略性矿产资源贸易网络中韧性的研究框架。

（3）提出了新的战略性矿产资源贸易网络节点韧性的度量方法，该方法基于多风险场景仿真进行节点进口损失规模对风险参数的敏感性分析。

现有的贸易网络、供应链网络韧性相关研究主要关注的是网络整体结构的韧性，较少关注贸易网络节点的韧性问题，而国家（地区）作为战略性矿产资源贸易的参与主体，其本身的韧性评价问题对于国家（地区）资源安全供给具有重要意义。本书基于节点国家（地区）在多场景仿真中的损失结果，提出了以节点国家（地区）的损失规模对风险源、风险规模、价格指数等风险参数变化的敏感性作为节点韧性的度量方法，在传统韧性概念的基础上进行了针对性改良。

第 2 章 战略性矿产资源全球供应链网络

2.1 战略性矿产资源供给安全

2.1.1 战略性矿产资源的概念

矿产资源是一国经济繁荣、国防安全和技术飞跃的基础,在气候变化、资源危机、人类健康、地缘冲突、全球治理、可持续发展等重大挑战中都扮演着关键角色(Sovacool et al.,2020)。在全球人口增长、技术创新和经济发展的共同影响下,矿产资源的贸易需求达到前所未有的水平(Nassar et al.,2020)。战略性矿产资源概念的形成历经了多个阶段,最初提出相关概念的是美国政府,当时考虑在战争状态下,这些矿产资源的供给短缺将对美国国内国防、工业和民生带来重要威胁。1938 年美国政府以关键矿产指代当时被美国政府认定为具有较大军事意义的 42 种矿产资源,其评估标准为供应链脆弱且可能威胁国家安全的非能源类矿产资源,其出发点是国家安全。随着社会经济的发展,国家安全的内涵不断外延,相比单纯的军事安全,现代国家安全不断将经济、社会、民生、文化等范畴纳入进来,对矿产资源在国家产业调整、经济发展、民生保障方面重要性的认识不断深入,各国对于战略性矿产资源的认定原则也不断清晰。战略性矿产资源概念的提出并不久远，实际上是国际上近几年提出的新概念，在此之前只是个别国家（地区）对于本国主要需求的矿产的重点关注目录。

自21世纪以来，美国为了保障能源产业、信息技术产业、高端装备制造业等战略性新兴产业的稳定发展，对相关战略性矿产资源的重视程度不断上升。2008年，美国国家科学院（National Academy of Sciences，NAS）公布了美国关键矿产评价办法及矿产目录，并于2010年和2018年对关键矿产目录清单进行了更新。2018年更是通过内政部列出了对外依存度高且对美国经济发展和国家安全至关重要的35种关键矿产清单。2020年，美国颁布能源法案，明确定义"关键矿产"是指对美国经济或国家安全至关重要，且供应链易受破坏的非燃料矿物或矿物材料。

2010年，欧盟委员会（European Commission）设立的"确定关键原材料特别工作小组（Ad-Hoc Working Group on Defining Critical Raw Materials）"首次发布相关研究报告《欧盟关键原材料清单》（*Critical Raw Materials for the EU*），详细列明了欧盟关键原材料清单，并将对关键原材料的认定工作作为常态化工作之一，以三年为一周期进行各矿种的评估并更新清单。

日本作为矿产资源稀缺国家，早在2009年就对日本关键矿产资源进行了评价，并通过日本新能源和产业技术综合开发机构（New Energy and Industrial Technology Development Organization，NEDO）组织发布了 *Trend Report of Development in Materials for Substitution of Scarce Metals* 报告，将锂、铍、硼、铼、铂、钛、钒、镍、镓、锗、硒、铷、锶、锆、铌、钼、钯、铊、铋、铟、锑、碲、铯、钡、铪、钽、铬、锰、钴、钨、稀土元素这31种稀有金属矿产列入清单。

澳大利亚作为矿产资源大国，也于2019年、2022年发布了《关键矿产战略》，提出了关键矿产基金、现代制造倡议以及关键矿物加速器倡议三大主要项目，旨在发展本国的关键矿产部门，扩大下游加工，并巩固和加强其在全球矿产资源市场中的地位。

我国作为矿产资源进口大国，在2015年颁布的《全国矿产资源规划

(2016—2020)》将石油、天然气、铁、铬、铜、铝、金、镍等 24 种矿产资源列入中国战略性矿产目录。

随着多个主要国家（地区）提出了对于本国产业有重要支撑作用的矿产资源目录，战略性矿产资源的概念逐渐形成。当前尚未有统一的概念，在不同国家（地区）有着不同的界定，在我国通常称之为"战略性矿产"，在澳大利亚、美国和欧盟通常称为"Critical Minerals""Strategic Minerals"，而在日本则称之为"重点矿产""稀有矿产"。通过总结相关学者研究并梳理多个国家（地区）战略性矿产资源的立法和政策，战略性矿产资源的概念也具有共性。麦克纳尔蒂和乔伊特（McNulty & Jowitt, 2021）认为战略性矿产是为技术或产品提供基本属性的天然物质，不容易被替代，通常无法回收或回收水平较低，并且由于各种因素而存在供应链风险。李文昌等（2022）提出战略性矿产是当前和未来相当长时间内现代社会可持续发展所必需但在稳定供给方面又存在高风险的金属矿产资源，主要包括稀土、稀有、稀散金属和部分稀贵金属矿产资源。可见，一般认为战略性矿产资源具有耗竭性、稀缺性和供给高风险性。

由于高科技和新兴产业的快速发展，未来几十年全球对战略性矿产资源的需求都日益增长，供需矛盾逐渐突出。新能源以及大量战略性新兴产业必须依靠战略性矿产资源支撑发展，资源供给瓶颈会严重影响国民经济的正常运行。与此同时，战略性矿产资源分布不均衡，全球各经济体的分化趋势日益明显，发达国家借助先发优势在全球矿产资源治理中发挥主导作用，战略性矿产资源供给安全面临诸多内生与外生风险。未来资源和技术的竞争在很大程度上将集中于对战略性矿产资源的博弈（Finkelman et al., 2019；王文宇等，2021）。如何保障战略性矿产资源贸易供应安全已经成为世界各国集中关注的重大战略问题，同时也是当下学术界关注的热点与前沿问题。我国作为世界最大的矿产进口国和重要的矿产出口国，为了实现国家经济双循环发展，保障高质量发展的资源需求，顺畅外部供应链条，必须高度关注战略性矿产资源贸易供应安全。

2.1.2 资源供给安全的内涵

在工业化进程席卷全球后，矿产资源是经济发展的物质基础，世界各国通过各种国际政治行为维护自身的矿产资源安全（成金华和汪小英，2011；于宏源等，2017；陈甲斌等，2020）。在矿产资源风险相关研究兴起之前，各国对于矿产资源供应风险的研究主要是缘于石油危机。因地缘政治、自然灾害等原因所造成的多次石油危机引发了多个国家经济发展的巨大损失，资源供应安全不断受到各国政府和学者的重点关注（Asif & Muneer，2007；Iqbal et al.，2020）。

从历史上看，能源安全与石油供应息息相关。布卢姆和莱格（Blum & Legey，2012）描述了能源安全是为一个经济体提供足够的、负担得起的和环境可持续的能源服务以维持最大福利状态的能力，包含供应多样化、弹性和一体化原则。在现存的众多矿产资源供应风险的研究中，学者们对矿产资源的供应风险有着不同的侧重点，多从矿产资源供应安全方面给出具体内涵。汪云甲（2002）认为矿产资源风险的降低需要保证满足国家生存和发展的矿产资源供应稳定，矿产资源开发利用不威胁人类自身的生存与发展。沈镭等（2004）认为一个国家或地区可以稳定、适当、持续地控制和获取矿产资源，保障其经济当前和未来可持续发展需要，否则将面临矿产资源供应风险。邓光君（2006）认为矿产资源安全是指一国能够在指定时间指定地点，以合理的价格与方式，持续而稳定地获得满足国家经济发展和人民生活所需要的矿产资源。马查歇克（Machacek，2017）认为战略性矿产资源供应风险是一个动态的概念，它与获得这种矿物的过程密切相关，无法以合理的价格及时获得足够的产量，可能会使某些地理区域的特定技术生产面临风险。

战略性矿产资源风险最初只考虑供应风险，在综合考虑地质条件、价格波动、技术进步、环境约束等因素的情况下，推算特定矿产资源在一定经济条件下的可供储量与可供产量（成金华等，2021）。随着研究的不断深入，内涵逐渐丰富。王昶等（2017）将金属资源安全归纳为供应安全、经济安全和生态安全三个维度。龙如银和杨家慧（2018）将矿产资源安全归纳为经济安全、生态安全、社会安全和国际安全四个维度。周等（Zhou et al., 2020）提出战略性矿产资源的供应需要从全球资源分配的角度充分考虑，包含生产国的政治、经济和社会状况以及地缘政治状况。不仅考虑了国内生产的稳定性和需求的弹性，还考虑了国内市场和进口相关市场的脆弱性。

综合来看，战略性矿产资源供应风险主要围绕资源、环境和经济三个维度展开，即资源储量、消费量、供应量之间的可持续性，资源开发利用对环境质量的破坏与生态环境承载力之间的矛盾，以及资源开发利用的经济效益最大化问题，这些维度的满足才能降低战略性矿产资源供应风险。从全球的角度来看，战略性矿产资源供应风险是涉及全产业链、全球市场各主体共存、矿产资源配置全球化和国际矿产资源合作的重要问题，受到多重因素的影响。

2.1.3 战略性矿产资源供应风险的影响因素

关于战略性矿产资源供应风险的影响因素研究可以追溯到1929年，休伊特（Hewett）认为影响金属供应的因素为地理因素（与矿物的发现和恢复问题相关的地理因素）、技术因素（开矿、处理以及提纯的技术因素）、经济因素（特别是成本和卖价）和政治因素，这四种因素不是独立起作用的，而是作为一个整合体系的一部分，这个整合体系包括社会约束和驱动因素。徐德义（2022）认为，战略性矿产资源产业链供应链安全涉及经济、贸易、国际关系等多个领域，参与的利益群体较为复杂，涉及的矿产资源种类较多，产业链相对横跨多个行业，叠加全球战略性矿产资源地质储量分布的时空不均衡性，使得其产业链供应链安全极具复杂性。本书将从影响战略性矿产资源供应的资源禀赋、经济基础、政治因素、科技因素四方面综述相关研究。

1. 资源禀赋

战略性矿产资源的储量是有限的，开采战略性矿产资源在本质上是不可持续的，特别是近些年出现关于资源枯竭的证据或趋势。战略性矿产资源禀赋是固有的自然特征，直接决定了国内矿产资源可供给量，包括资源储量规模、种类、质量、经济可采性等因素，是增加战略性矿产资源供应的关键，也是影响世界战略性矿产资源分布不均等的重要因素。因此，可靠的资源和储量估算构成了战略性矿产资源被激励、启动、自主和建立的基础。格雷德尔和纳萨尔（Graedel & Nassar，2015）提出为了确保未来矿产资源持续稳定供给和安全政策的长期有效性，需要对战略性矿产资源的储量进行翔实分析。赵敏等（2017）选择美日两国矿产资源禀赋和国家储备制度，并提出了我国矿产资源产品、产能、产地储备相结合的储备体系架构，以及相应的实施措施和建议。桑德森等（Sanderson et al.，2021）评估1980—2018年津巴布韦黄金生产的决定因素，认为该国未能充分利用黄金资源禀赋。对于资源禀赋不足的战略性矿产资源，完善储备制度成为众多国家的选择。

2. 经济基础

经济基础是增加战略性矿产资源供应风险，影响其供给安全的重要因素，主要在供给和需求两方面产生影响。供给侧方面主要是指在已知资源禀赋的前提下，公司需综合考虑各种经济因素来制定开采策略以保证经济可行性（Mudd & Jowitt，2018），这些经济因素包括人力成本，物流成本、矿物价格、市场前景等。投资银行或独立的市场分析师也对矿产资源综合供应作过分析，认为影响供应风险的因素有生产数据、股市发展、生产和投资成本、商品价格、货运能力（铁路、港口、船舶）、容量增加。需求侧方面是指需求终端的变化带来战略性矿产资源供给结构的变动。成金华等（2018）提出经济组织变量、产业结构对矿产资源需求会产生重要影响。王曙光和王彬（2020）提出矿产资源依赖性区域需要转变经济发展模式和产业结构，推进战略性矿产资源依赖性区域的经济高质量发展。徐德义和朱永光（2020）认为经济增长对资源产生需求，同时资源开发对环境产生压力，环境压力反过来约束经济增长速度。在整个过程中，资源是各个产业发展的基础，经济对资源供给有着重要影响。萨夫雷等（Zabré et al.，2021）认为经济对矿产、石油和天然气等自然资源的开采可以产生深远影响，经济分析方法在资源开采项目影响研究中的应用具有为决策提供信息的潜力，能够优化收益并最大限度地减少负面外部性。可见经济基础也是增加矿产资源供应风险的主要因素，甚至会造成重要影响。与资源禀赋相比，各国经济基础对战略性矿产资源供给安全的影响更加灵活多变。

3. 政治因素

在资源全球化背景下，战略性矿产资源作为自然资源的一部分，作为人类社会赖以生存和发展的重要物质基础，与国际政治的关系紧密，矿产资源控制格局与政治因素"如影随形"。由于战略性矿产资源禀赋的差异，以矿产资源为基础的经济活动也存在着不平衡性，单纯依靠一个国家与企业难以满足自身经济发展的资源需求，必须通过全球市场或政治活动来获得稀缺的战略性矿产资源。奥利维蒂等（Olivetti et al.，2017）提出锂电池供应链中的钴存在地缘政治集中的风险。马尼奥和古斯曼（Magno & Guzman，2021）使用描述铜矿石和精炼铜生产的73个国家（地区）跨国面板数据集，研究认为资源丰富的发展中国家越来越多地追求下游增值，以最大限度地提高其矿产部门的经济和政治利益，下游整合能够提升共同利益。马切多等（Macedo et al.，2021）运用多流模型将采矿业主题纳入巴西政府议程的规范、背景和政治背景，认为联邦政府的总统换届是对矿业重回政府议程影响最大的因素。当涉及多个利益的问题时，所使用的理论镜头能够用于各种政治环境。对于一个国家（地区），若要寻求战略性矿产资源的自足和长远供给，就需要在政治上做好功课，得当处理资源国之间的关系，构建支持矿产资源政策设计、监测和评价的指标和方法，强调参与该领域的各方行为体、环境可持续性和区域社会经济进步的视角，关注共同经济利益。

4. 科技因素

降低战略性矿产资源供应风险的技术支撑可以分为勘探技术和开发技术两类，勘探技术对战略性矿产资源的可供储量有着重要影响，而开发技术会直接影响战略性矿产资源的可供产量。随着技术的日益改进和成熟都会降低采矿业和加工业相关的资本、劳动力、材料和能源成本。乐米埃和乌瓦罗娃（Lemiere & Uvarova, 2020）重点介绍了自 2007 年以来矿产勘探中出现或进行了重大改进的手持式和顶入式技术，并讨论了它们的好处、挑战和缺陷、使用的原因以及对它们的期望，并认为当前现场便携式地球化学技术和现场技术为大多数勘探任务提供即时响应和灵活性。翟明国和胡波（2021）认为当前中国多种大宗矿产资源现有探明储量面临开发殆尽的局面，新兴战略性矿产资源家底不够清，开采、选冶和综合利用技术需要进一步提高。随着人口的增长，矿产资源的需求也在增加，从而导致开采的集约化，这不仅增加了工业废物的数量，也增加了人类对环境的影响。矿物废料的进一步积累和储存导致生态系统发生不可逆转的变化，采矿废物可以通过矿床综合开发的无废物技术来处理，从而通过合理、综合利用资源来完成提高矿床开发效率的任务（Rybak et al., 2021）。

战略性关键矿产是对国家（地区）经济发展至关重要、对战略性新兴产业不可或缺，同时又被赋予地缘政治色彩的一类矿产资源。了解关键矿产应用及其领域，追溯关键矿产种类的时空变化，分析各国之间关键矿产的竞争关系，探讨中国关键矿产供应链和产业链安全需要关注的问题，对于制定中国战略性关键矿产战略，支撑国家现代化建设意义重大。

2.2 供应链（贸易）复杂网络分析方法

2.2.1 大宗商品国际贸易风险相关研究

在国际贸易风险的研究中，学者们的选题主要为金融风险、政治风险、财务风险等对于国际贸易企业的影响因素、影响路径、优化方法等。国际贸易是在资源禀赋的差异性、国际分工和商品交换的基础上形成的，是推动国家经济发展的关键力量（张靖佳等，2015）。产品的国际贸易参与主体分布地域广、产品的生产、运输、交付等过程流程长、时间久，各参与主体服从于不同的法律体系、公序良俗、政治管理等，给国际贸易带来了各种不确定性风险（Zhou et al., 2020；Mehrotra & Carbonnier, 2021）。国际贸易风险由风险因素、风险事件和风险损失三要素构成。

传统贸易风险研究理论体系将国际贸易的风险主要分为生产运输风险、金融风险、财务风险、法律风险、政治风险等（李晓铭，2020）。其主要囊括了生产过程中可能出现的自然灾害、罢工、事故、生产国政治动荡、生态政策等因素，运输过程中可能出现的航线中断、自然灾害等因素，因贸易商品金融属性所带来的金融投机、汇率波动、金融欺诈等（Nguyen & Vaubourg, 2021），以及因不同的国家法律、国际形势所带来的政治不确定性因素（Goswami & Panthamit, 2020）。如王耀宁和张强（2009）将我国企业面临的主要国际贸易风险划分为政策风险、操作风险和汇率风险，并从五个方面探讨了国际贸易风险的规避策略。印中华等（2011）探讨了欧盟木材法案对国际林产品贸易特别是中国林产品出口贸易的正反两方面影响。吴建功等（2008）就国际贸易风险评价的任务、方法、依据、过程以及评价结果的效用等问题按照企业国际化经营战略和风险管理规划对国际贸易风险状况进行系统的分析和综合评价。

2.2.2 基于复杂网络的矿产资源贸易格局的研究

复杂网络的相关研究最早来源于数学中的图论和拓扑学，而最为知名的"哥尼斯堡七桥问题"引出了图论和拓扑两个分支学科，此后在20世纪60年代，匈牙利数学家埃尔德什（Erdos）和瑞尼（Renyi）提出了随机图理论，为复杂网络的系统性研究拉开了序幕。到70年代，复杂性问题逐渐引起了国际研究热潮，以系统性视角去研究复杂网络成为一个新的研究方向。在运用复杂网络的方法建立现实网络模型的研究中，研究者逐渐发现自然界中很多现实网络呈现出类似的结构特点。1998年沃茨等

(Watts et al.)率先提出了复杂网络的小世界模型算法。1999年巴拉巴西和艾伯特（Barabási & Albert）提出了复杂网络的无标度模型。自此复杂网络系统性理论研究开始蓬勃发展。

资源禀赋和产业生产规模化造成的资源要素成本差异让资源的全球贸易成为必然选择。运用网络的思想来研究国际贸易问题很早就受到学者的关注（Snyder & Kick，1995）。随着复杂网络理论的不断发展，资源的国际贸易网络实证研究吸引了大量关注。塞拉诺和博古那（Serrano & Boguna，2003）针对贸易网络进行建模并运用复杂网络统计指标对网络格局进行分析。默尔曼和谢普利安斯基（Ermann & Shepelyansky，2013）将生物网络研究框架应用于国际贸易网络相关问题的研究，发现贸易网络具有典型的生态网络特征。在大量运用复杂网络理论研究框架研究矿产资源贸易相关问题的研究中，国内外已有学者对天然气（Geng et al.，2014）、石油（An et al.，2014；Zhong et al.，2014）、稀土（Ge et al.，2016）、钢铁（郝晓晴，2019）等产品的贸易问题进行研究，对其贸易格局、贸易演化规律、节点国家（地区）重要性等一系列网络特征进行了深入分析。陈等（Chen et al.，2016）构建天然气贸易竞争网络以考察天然气国际贸易竞争格局；蒋等（Jiang et al.，2018）从复杂网络视角对全球各工业部门之间的矿产资源流动进行了分析；关等（Guan et al.，2016）在复杂网络统计指标的基础上，结合连边的重要性研究了潜在贸易关系问题；孙等（Sun et al.，2019）提出了一个基于网络分析方法、广义方差分解方法和格兰杰因果检验的系统框架，探讨国际原油对PPI影响机制问题。运用复杂网络相关理论和研究方法对产品国际贸易网络格局、节点重要性、网络拓扑结构等问题进行分析受到了众多学者的青睐。

在静态贸易格局相关研究的基础上，许多学者通过对比时间序列的矿产资源贸易网络格局变化的趋势来分析贸易发展的整体态势，以期能够为国家矿产资源供给政策提供支撑。如安海忠等（2013）对国际石油贸易网络进行建模，对贸易格局的演变规律进行了动态分析。维德默等（Vidmer et al.，2015）通过分析贸易网络的动态演化规律，总结网络格局的发展趋势，为贸易政策的制定提供相关依据；史超亚等（2018）基于复杂网络理论构建了有向加权复杂网络模型，进一步分析铝土矿的贸易演化特征；王等（Wang et al.，2019）构建了全球煤炭贸易的复杂网络模型，并从连续的时间序列和比较的角度探讨其贸易的演变。王泽宇等（2022）基于中国与周边国家盐业和盐化工贸易数据构建复杂网络模型，研究了中国与周边国家盐业贸易网络时空演化特征与驱动机制。

2.2.3 节点重要性评估方法

贸易复杂网络中不同节点在网络上的贡献具有明显的差异性，从不同的重要性定义角度出发，国内外学者提出了多种节点重要性评价方法。如在研究网络拓扑结构的稳定性时，一般将节点失效所引起的网络结构破坏规模的大小作为节点重要性的度量，而在研究网络信息传播问题时，某个节点发出的信息传播范围越大或者传播速度越快则可认为该节点的重要性越高，还有一些对网络拓扑结构进行分析的研究中，根据不同的研究侧重，将节点的度、加权度、聚集系数、中介性、中心性等作为节点的重要性评价指标，因此根据网络的不同和研究问题的差异性，节点重要性的内涵具有较大差异。

节点重要性评估方法相关研究，主要可以分为三大类，首先是以复杂网络拓扑结构相关指标作为节点重要性度量，如节点的度、加权度、聚集系数、中介性、中心性等。也有学者基于这些基本统计指标提出局部或者全局的统计指标，如陈等（Chen et al.，2013）提出了改进的度排序算法，通过考虑节点四阶邻居节点的相关信息提出半局部中心性作为节点重要性度量。除此之外还有离心中心性（Hage & Harary，1995）、接近中心性、介数中心性等（Freeman，1978）。其次是基于系统分析的节点重要性评估方法，其核心思想是通过节点失效后对网络结构的破坏程度来度量该节点的重要性，当去除该节点后网络崩塌的规模越大，则代表该节点的重要性越高，反之则重要性越低。许多关于电力网络、控制网络、运输网络风险相关的研究均采用该研究方法。最后是以 PageRank 算法（Brin & Page，1998）和 LeaderRank

算法（Lü et al.，2011）为代表的信息搜索算法，PageRank 算法是 Google 早期提出的网页重要性评价算法，主要考察了网页链入的质量和数量，通过计算网页的 PageRank 值来评估网页重要度；而 LeaderRank 算法是基于 PageRank 算法改良而来，针对网页的异质性进行了针对性改良，考虑了网页主题的相关性等问题。

2.2.4 节点相似性评估方法

在贸易复杂网络中，节点与邻居节点的连接模式、度数、中介特性等有其特征模式，通过计算节点间的相似度，能够比较节点在网络中的结构相似程度。节点相似度是复杂网络结构量化研究中的一种基本方法。对于节点的相似性度量已有较多相关研究，节点的相似性度量在许多真实网络的性质研究中有着非常重要的基础性作用，如复杂网络的节点分类、社区发现、链路预测、推荐系统等。现有的节点相似性算法一般可分为局部相似性度量和整体相似性度量。

局部相似性度量通过分别考察一组节点的邻居节点的性质来实现。如共同邻居相似度认为如果两个节点的邻居节点存在大量重叠，则认为这两个节点具有较高相似性，反之相似度越低；Jaccard 相似度将两个节点 x 和 y 的邻居节点分别作为两个集合 $N(x)$ 和 $N(y)$，通过两个集合的交与并的比值作为相似度的度量：

$$J(x, y) = \frac{|N(x) \cap N(y)|}{|N(x) \cup N(y)|} \quad (2.1)$$

与此类似的基于节点邻接节点集的相似性度量还有 Sorensen – Dice 相似度：

$$SI(x, y) = \frac{2|N(x) \cap N(y)|}{|N(x)| + |N(y)|} \quad (2.2)$$

Hub Promoted 相似度：

$$HP(x, y) = \frac{|N(x) \cap N(y)|}{\min\{|N(x)|, |N(y)|\}} \quad (2.3)$$

Hub Depressed 相似度：

$$HD(x,y) = \frac{|N(x) \cap N(y)|}{\max\{|N(x)|,|N(y)|\}} \qquad (2.4)$$

除了以上基于节点邻居节点的相似性度量之外，还有基于路径的节点相似性计算方法，如基于随机游走的相关算法，根据节点间游走时间或者到达概率等特性建立的相似性模型。如罗斯威尔和伯格斯特龙（Rosvall & Bergstrom，2008）使用网络上随机游走的概率流作为真实系统中信息流的代理；单晓菲等（2014）提出基于选择性随机游走的协同过滤推荐算法，通过选择性随机游走来计算节点间的相似度，显著提高了推荐系统的有效度；刘思等（2017）基于重启随机游走（RWR）和局部随机游走（LRW）算法，将网络结构上不同邻居节点间的相似性纳入转移概率的计算中，提出了一种基于网络表示学习与随机游走的链路预测算法。杨青等（2020）提出了基于随机游走算法的项目组合风险定量分析方法，以便准确地预测项目组合风险。

此外，近年来有学者提出了基于节点结构相对熵的相似性度量方法，通过对比节点间结构属性的分布情况来计算相似性。如穆俊芳等（2020）为更加准确地度量节点间的相似性并克服大度节点的高相似属性，在定义节点的距离分布基础上采用相对熵和距离分布提出一种 DDRE 方法，通过节点之间的最短路径生成每个节点的距离分布并计算节点间的相对熵，进而得到节点之间的相似性；张等（Zhang et al.，2018）基于相对熵和各节点的局部结构特征提出了一种新的节点相似性计算方法，通过量化计算每个节点的结构特征值的相对熵来对比节点间的相似性。

2.2.5 复杂网络的社区结构

在自然世界中存在各种各样的系统网络，如生态系统、蛋白质交换网络、DNA 繁衍网络等，而因人类活动而产生的系统网络更是不胜枚举，如人际关系网络、互联网、交通网络、供应链网络等，中外学者在研究这些系统问题时，复杂网络是其中最主要的建模方法之一。在大量的使用复杂网络建模方法研究现实网络问题的研究中,许多学者发现,在整个复杂网络中,有一些节点呈现集聚现象,它们之间存在着相比网络中其他节点更加密集的连接关系(见图2.1)。复杂网络中这种局部节点聚集的拓扑性质,被称为复杂网络的社区结构,也有研究将其称为簇、模块等。复杂网络的社团结构内部存在着紧密的联系,而社团之间的联系则相对稀疏。在早期的复杂网络研究中,学者们通过随机的方式生成复杂网络,网络结构整体紧密,较少出现社区结构,但当学者们尝试通过现实数据进行复杂网络建模时,复杂网络的社区结构普遍出现。这种局部节点的聚集往往说明这些节点具有相同或者相似的属性,对于复杂网络拓扑结构的研究有利于对于复杂网络整体性质的揭示,对于复杂网路拓扑性质的研究有着重要的意义(Boccaletti et al.,2006),因此复杂网络的社区发现问题引起了中外学者的广泛关注。

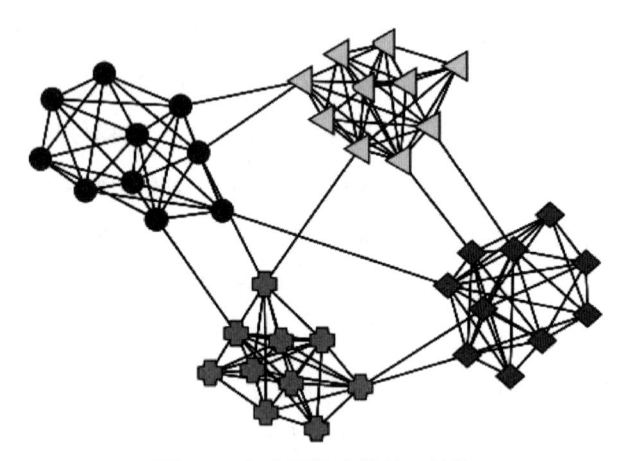

图 2.1 复杂网络中的社区结构

资料来源:Kumpula J M, Saramäki J, Kaski K, et al. Limited resolution in complex network community detection with Potts model approach [J]. *The European Physical Journal B*, 2007 (56): 41 – 45.

在研究不同的学科领域问题,构建不同的复杂网络时,复杂网络的社区结构有着不同的意义。在生态网络中,同一个社区内生物之间往往存在紧密的相互依赖和交互关系,或是具有相似的生活习性,能够为某一种生物的研究提供更多研究资料;在互联网网络的社区结构中,多数存在着相关主题的网络页面和信息，而社区与社区之间的联系也揭示了不同主题的信息相互关联的路径和机制；在社交网络中，每一个人都有着自己主要社区，有时一个人也可能存在于多个社交社区中，各个社区之间也有所联系，这对人类社会的形成和规律有着重要的研究意义。学者借助多种复杂网络模型，研究相关生态社区网络、互联网网络和社会网络的特征及优化（Saito et al., 2010; Dutta et al., 2018; Zhukov et al., 2021）。

相较于研究战略性矿产资源的全球贸易网络社区结构的动态特征，从宏观角度出发，深入分析战略性矿产资源贸易复杂网络的社区演化趋势对于战略性矿产供应安全和供应趋势的把控具有重要意义。从某种意义上说，战略性矿产资源全球贸易的总体格局就是通过多个社区组织的融合、分裂所组成的。

战略性矿产资源的国家贸易涉及政治、军事、经济、地域等各种非贸易因素的影响，其全球贸易网络的格局是经过各种因素的交织之后所呈现的结果，因此研究战略性矿产资源的全球贸易网络中的社区结构，对于突发风险在全球网络中的传导机制问题有着极为重要的作用。不仅如此，在战略性矿产资源的贸易流动中，存在许多具有较高中介性的主要节点，在网络中多个较长的路径中扮演着重要的中间角色。这些节点相对其他节点具有更高的局部重要性，在突发风险的传导过程中，与上游节点具有更紧密连接关系的相同社区节点能够在战略性矿产资源出口紧缺的情况下，获得优先的需求满足，因此在突发风险所造成的出口短缺情景下，战略性矿产贸易网络的社区结构对于节点的进口损失有着至关重要的影响。

2.2.6 网络社区发现算法

在复杂网络社区发现算法的相关研究中，国内外学者已经提出了很多研究成果。社区发现算法的目的是根据网络中节点的连接状态进行聚集状态分析，是一种网络聚类方法（见图2.2）。从图论方法理解，把一个网络划分成多个社团就是把一个大图划分为多个子图，理论上是一个NP难问题。在复杂网络社区发现问题发展初期，学者们首先想到的社区划分算法是利用节点相似度或相关关系的计算结果进行层次聚类的方法,这种方法较为直观简单,但同时也丢失了许多复杂网络拓扑结构本身所具有的信息。格文和纽曼(Girvan & Newman,2002)指出复杂网络中普遍存在着聚类特性,将这样的类称为社团,并提出相应的 GN 社区发现算法。GN 算法首先给出了介数的概念,节点或边的介数指的是在网络中所有直接或间接相连的节点对间的最短路径中,经过某一节点或边的最短路径个数。由其定义可知,社区之间的边有着较高的边介数,而社区内部的连边有着相对较小的边介数。在依次去除介数较大的连边之后,就能够逐步划分出复杂网络的社区结构。GN 算法计算准确度比较高,社区发现结果比原有一些方法更有效,计算复杂度高,不适合大规模的复杂网络。自此复杂网络的社区发现算法研究吸引了复杂网络领域学者的广泛关注,产生了大量的相关算法研究成果。

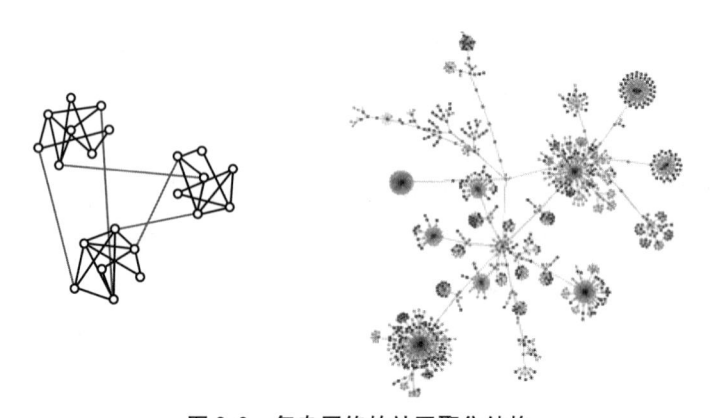

图 2.2　复杂网络的社区聚集结构

资料来源:Girvan M,Newman M E J. Community structure in social and biological networks [J]. *Proceedings of the National Academy of Sciences of the United States of America*,2002(99):7821-7826.

从复杂网络社区发现算法思想来划分,主要可分为凝聚式算法和分裂式算法。凝聚式算法的中心思想是首先寻找网络中最中心的节点,将其作为原始社区,然后依次凝聚它周边的节点到自己的社区,通过模块度或者节点相似度用以判断凝聚是否合理;或是将网络中所有的节点均作为一个个单节点的初始社区,然后进行社区间的合并,通过合并效果决定最终划分。分裂式算法的中心思想则相反，首先将整个网络看作一个社区，然后通过寻找最可能为社区之间的边，来不断分裂出子社区，以此达到社区划分的目的。

除去算法思想的不同，在对待复杂网络社区划分的原则上，还有两类主要的思想，一类是非重叠社区划分，另一类是重叠社区划分。传统的非重叠社区划分将每一个节点限定在一个社区内，但在复杂网络拓扑结构的相关研究，以及现实网络的情境下，很多时候同一个节点可能同时隶属于两个或多个社区中，节点的多社区属性对于复杂网络拓扑性质、节点的重要性评估等问题具有重要意义，因此在非重叠社区划分基础上，大量学者开始重点关注重叠社区划分算法。

在众多非重叠社区划分算法中，在 2004 年纽曼（Newman）提出了模块度概念，使非重叠社区划分方法获得空前发展。模块度是一种判断社区结构划分质量的度量，通过模块度的最大化，能够获得复杂网络社区结构的最优划分。后在 2006 年进行改进的一个衡量网络社区划分优劣的评价指标，模块度越大说明对应的社区划分越合理，其计算方法为

$$Q = \frac{1}{2m}\sum_{vw}\left(A_{vw} - \frac{k_v k_w}{2m}\right)\delta(c_v, c_w) \tag{2.5}$$

其中，A_{vw} 和 $\delta(c_v, c_w)$ 为决策变量，代表节点 v 和节点 w 之间是否连接的情况和是否在同一个社区的情况，k 表示节点的度，m 代表网络中总的连边数量，模块度 Q 的取值范围为 $-0.5 \sim 1$，当 Q 值为 $0.3 \sim 0.7$ 时，说明聚类效果已经较好。非重叠社区划分问题研究过程中，许多学者发现图分割与复杂网络的社区划分问题有着高度契合，还有学者利用解决图分割问题的 KL 算法和谱平分算法来解决复杂网络的社区划分问题。KL 算法通过贪婪搜索来获得收益函数最大化，以获得最优社区划分；谱平分算法则通过对网络矩阵求特征向量来对网络进行社区划分，利用谱平分算法进行复杂网络的社区划分计算复杂度较高，不能够并行计算，涉及许多矩阵特征向量的计算，计算时间长，当网络规模较大时计算效率较低。这两种方法都必须事先制定划分社区的数量，有一定局限性。

在使用真实网络进行建模的复杂网络中，学者们发现多数复杂网络均普

遍存在着社区结构,并且很多社区之间都存在着重叠现象,也就是说很多节点同时存在于多个社区结构中,要充分深入研究复杂网络的拓扑性质,必须对这样的社区重叠情况进行深入探讨。重叠社区划分相对非重叠社区划分具有更高复杂度,但能够更加真实地反映复杂网络的社区性质,保留更多的信息。在该研究领域学者们已经取得较多研究成果。在重叠社区划分的各种算法中,主要可划分为基于派系过滤的方法、基于链接划分的方法、基于局部扩展的方法、模糊聚类方法等。经典的派系过滤算法(Clique Percolation Method,CPM)由帕拉等(Palla et al.)于2005年提出,其算法思想基于将一个社区看作多个相互重叠的团构成,其内部的连接密度较高,通过搜索所有相邻的团来划分社区结构。基于链接划分的方法的算法思想是对网络中的连边进行硬划分,将网络中的节点用连边取代,当边被划分到社区中时,节点也相应被划分到该社区成为重叠节点。基于局部扩展的方法中,最典型的是局部适应度最大化算法(Local Fitness Maximization,LFM),该算法从任意一个种子节点开始凝聚附近节点形成社区,利用适应度函数进行局部最优化,不断重复该过程直到所有节点都被划分完毕形成最终划分。重叠社区划分中的模糊聚类方法利用Infomap算法得到原始社区划分,然后将原始社区划分作为输入搜索出重叠节点。

随着近年来互联网的高速发展和移动终端的普及应用,使得复杂网络的种类和规模得到了快速发展与变化,传统的方法并不能既快速又准确对大规模复杂网络进行社区划分,因此如何在保持社区发现有效性的同时,设计出高效的社区发现算法显得尤为重要。在前人的研究基础上,学者也不断优化并创新社区发现算法的相关研究。贝林格罗德等(Berlingerio et al., 2013)认为社区发现问题必须重新定义,考虑到图的多维结构,设计了多维网络中基于频繁模式挖掘的社区发现算法(ABACUS),该算法能够基于从单维社区中提取频繁闭项集来确定多维社区资格,为不依赖节点间密集连接的新型社区发现算法开辟了道路。罗赛蒂和卡扎韦(Rossetti & Cazabet, 2018)旨在展示动态社区发现的独特特征和挑战,认为动态网络可用于对系统的演化进行建模,由于节点和边是可变的,它们的存在或不存在会深刻影响组成它们的社区结构。约卡尔等

(Jokar et al., 2022) 提出了一种新的社区检测算法灰狼平衡模块（GWBM），旨在优化新引入的适应度函数"平衡模块化"，使用快速标签传播算法来形成初始种群，相对新颖的灰狼算法作为主要优化器，以及用于局部搜索的模拟退火算法的特定问题变体。俞等（Yu et al., 2021）认为基于静态社区检测方法的传统解决方案独立处理动态网络的每个快照，这可能会及时分割社区，因此开发了一种新颖的动态社区检测算法，通过利用简洁网络表示方法中存在的编码—解码方案，通过公共低维子空间重构每个快照，这可以去除不重要的链接并突出社区结构，从而在很大程度上减轻社区的不稳定性。

尽管近些年复杂网络社区结构和社区发现算法取得了飞速发展（Arenas et al., 2008），并形成了一套独立的科学理论体系，但随着网络数据的日益递增和网络规模的不断扩大出现了一些现实问题。网络拓扑结构分析所需要消耗的计算资源大幅增加，故现存的复杂网络社区发现算法在面对超大型网络时显得力不从心；许多复杂网络社区发现算法尽管能正确检测出网络中潜在的社区结构，消耗的算力也不算大，但由于必须借助客观的先验信息作为前提，导致无法应用于其他缺少该条件的网络中去；网络的动态演变过程造成的节点和边连接的结构变化使得必须将原有的静态算法模型修改为能适应动态网络变化的动态预测算法模型；对于网络节点同时归属于多个社区的重叠社区结构发现问题，极大地增加了社区划分的难度也使准确性降低。这些问题也为未来研究指明了方向。

2.2.7 多层复杂网络理论

传统复杂网络理论研究范式是对现实系统的直接映射，将系统中的每一个单元映射成复杂网络的节点，将各单元之间的影响关系映射成网络的连边，有些现实系统中各单元之间的影响是相互的，则一般采用无向复杂网络模型进行映射，当这种影响能够量化并有严格的方向性时，则对网络的连边进行赋权和有向化，成为有向加权的复杂网络模型。然而当学者们将复杂网络模型运用于各学科系统的建模研究之后发现，现实中的许多系统内的单元以及它们之间的互动影响并不完全属于同一类型，全局网络的构建中使用同一种连边进行映射不能够充分捕捉和描述系统的特性，并且会对研究结果造成严重误导。随着学者们研究对象系统的复杂程度不断提高，这种单层复杂网络模型的不足之处不断显现，因此复杂网络模型的多层立体化发展受到系统科学学者们的关注。

近年来多层复杂网络成为复杂网络科学的研究热点，多层复杂网络模型相比传统单层复杂网络模型将复杂系统的映射扩充到多维，其核心思想是通过每一层网络来描述复杂系统中的一种连接属性，根据研究需要可以不断扩充网络维度达到充分映射的目的，然后根据复杂系统各维度属性之间的联系将各层网络进行组合连接，使复杂系统的结构特征能够完整展现，以便在后续研究中能够保留更多的信息。许多应用多层复杂网络模型进行系统建模的研究表明，多层复杂网络在对真实系统多种类型的连接规律描述上具有传统单层复杂网络模型无法比拟的优势（Sorrentino et al.，2007；DeLellis et al.，2009；Liu et al.，2011；Wang et al.，2012）。

近年来国内外研究者在多层复杂网络的模型构建上颇有建树，多层复杂网络模型在多个学科领域出现了较多的研究成果，其理论体系得到极大的丰富。现有典型的多层复杂网络模型概念包括"网络的网络"（Agostino & Scala，2014）、多维网络（Berlingerio et al.，2013）、多级别网络（Criado et al.，2012）、多重网络（Solá et al.，2012）、交互网络（Donges et al.，2011）、相依网络（Buldyrev et al.，2010）、时态网络（Holme & Saramäki，2012）等。

2.3 网络韧性

2.3.1 韧性的定义

韧性一词来源于拉丁语"resilio"，原意指"恢复到原始状态"。最初使用韧性概念的学科是材料科学,描述的是材料在受到外部影响之后恢复原有性质的能力。很快研究者们发现,这种概念普遍存在于各学科的相关研究中。随着工业革命的发展,19世纪机械工程学科开始将韧性概念引入系统性能的评估中,用以描述材料、机械系统等在外部作用的冲击下复原的能力。到20世纪,一些西方心理医学研究者开始普遍使用韧性这一概念来指代病人经历精神创伤后的自我修复能力。后来加拿大生态学家霍林(Holling,1973)首次将韧性概念引入系统研究领域,用以定义生态系统的稳定状态。他将工程韧性的概念定义为一个系统在受到扰动之后再次恢复到稳态的能力;韦斯特曼(Westman,1986)从多个重要的维度对生态系统的韧性进行了总结和梳理,提出了后来被广泛接纳的生态系统韧性定义。

随着越来越多的学科开始使用系统的观点来研究问题,韧性这一概念开始在各种学科领域中被广泛使用,并且其指代的含义在广义上具有极高的相似性。科尔内和戴维森(Connor & Davidson,2003)在研究人类心理韧性时,将心理韧性定义为人在面对挫折和打击时自我恢复积极心态并应对困难的个人品质;马丁等(Martin et al.,2015),森西尔等(Sensier et al.,2016)对经济系统的韧性进行了研究,将经济体受到冲击后的自我恢复、自我调节的机能或者重新配置和优化资源以拓展新的经济增长点的能力定义为经济的韧性;在城市系统的研究中,也有较多成果提出了"韧性城市"这一概念,这些研究以系统的眼光分析城市,从抗自然灾害能力、工程与基础设施能力、能源供应、城市规划、可持续发展等方面,对城市的抗风险能力和恢复能力进行了综合评价,以此作为评价城市韧性的内涵(郑艳,2013;冯璐,2015;吴浩田和翟国方,2016)。波诺马廖夫和霍尔库姆(Ponomarov & Holcomb,2009)通过对一些学科的文献梳理,对供应链的韧性概念进行了定义,认为供应链韧性是指供应链对于未知风险的适应能力、对中断的响应能力和恢复正常功能的能力。佩蒂特等(Pettit et al.,2010)认为供应链韧性可以从脆弱性和能力两方面评估,供应链的韧性区被定义为脆弱性和能力之间的理想平衡。

经过半个世纪的发展,在风险研究相关领域,用韧性的概念来评价系统抗风险能力和结构稳定性受到各学科学者的关注，供应链韧性、经济系统韧性、灾害韧性、生态韧性等概念不断涌现。

2.3.2 对韧性的度量

基于韧性的概念定义，学者们在研究不同系统的韧性评价方法中提出了多种对于韧性的度量方法。在对电网系统、交通系统等工程系统的韧性评价研究中，多数采用基于复杂网络建模仿真的方法，对冲击发生后，系统功能恢复的能力进行评估，包括冲击发生后的恢复时间、恢复速度、恢复程度、恢复概率等，通过设置不同冲击情景进行多次仿真，以获得系统本身的韧性评估结果。如南等（Nan et al.，2017）将系统韧性定义为系统通过减少初始负面影响（吸收能力），使其适应（适应能力），以及从中恢复（恢复能力）三个层面的能力，并以电力系统为例进行了相关研究；王兴隆和苗尚飞（2020）运用复杂网络理论构建空域扇区网络模型，采用选取的网络效率指标衡量系统在受到不同程度的破坏之后，其破坏阶段、恢复阶段、稳定阶段的性能水平以衡量系统的韧性。

而在社会科学相关的系统中，如经济系统、城市抗灾系统、城市基础设施系统、供应链系统等韧性研究中，也将系统韧性的评估分多个阶段进行分析，包括冲击发生过程中阶段、发生后的恢复阶段、重新稳定的阶段。如刘晓星等（2021）利用117种金融指数评估金融市场系统的风险，多种宏观经济指标估计时变脉冲响应，采用风险吸收强度和吸收持续期定量测度宏观经济韧性；魏冶和修春亮（2020）提出基于基础设施、组织、经济与社会四个维度搭建城市网络韧性综合分析框架。田（Tian，2021）借鉴了理论城市的恢复力及矿区灾害发生的影响因素分析，提出弹性评价指标系统，研究包括生态和工程复原力以及经济和社会复原力矿业城市的抗压系统韧性。阿斯拉姆等（Aslam et al.，2020）提出供应链韧性包含供应链适应性和供应链对齐功能，并通过结构方程建模测试供应链适应性与对齐之间的关系。

韧性概念的应用随着研究对象和研究重点的不同具有一定的差异，学者们对韧性的理解并没有形成一个固定的定义，但对其内涵的理解一般符合以下几点共识：首先，韧性描述的是系统受到风险冲击后保持系统功能、恢复系统功能的能力。其次，系统韧性在不同的学科领域不仅可以通过抗风险能力进行评估，而且可以通过系统的恢复时间、恢复程度、恢复概率等指标进行度量。最后，有些研究将系统韧性的评估分阶段来进行，包括风险发生、风险传导、风险恢复等阶段。

2.3.3 基于级联失效的网络风险传导

对供应链、贸易链网络风险问题的相关研究开始较早，早期的研究对象多为单条供应链的风险问题，风险在单条供应链网络中的传导一般为单向传导，一般基于多米诺骨牌效应理论。与蝴蝶效应类似，多米诺骨牌效应描述的是风险始发于一张骨牌，因为骨牌本身的脆弱性造成与其靠近的其他骨牌受到风险的影响，如果受到影响的骨牌同样不能经受住风险的影响而与其靠近的其他骨牌形成连锁反应，则这种风险影响将不断地传导下去，造成全局影响。假设这些骨牌中有一块的抗风险能力较强，能够在风险影响中保持稳定，则其之后的骨牌也能够受到保护，不会造成更深远的影响。如果骨牌与骨牌之间的距离够远，之间的联系够薄弱，则风险也不会在这两个骨牌之间传导，距离较远的一对骨牌之间必须有其他距离较近的骨牌将其联系起来才能形成链式反应，形成牵一发而动全身的影响。

随着市场经济不断发展，供应链、贸易链中的需求方为分散风险、降低成本，往往会同时选择多个供应商，而同一个供应商也会向多个需求方供应商品，多条供应链之间复杂的联系形成了供应链、贸易链网络。在供应链网络中某个供给活动参与主体因突发风险成为风险源，通过与其连接较为紧密的其他主体进行风险传导，这种传导并不是单条供应链突发风险的线性单向传导，其影响对象往往根据网络结构的复杂性呈指数级增长。因此以复杂网络级联失效模型为代表的供应链网络风险传导理论模型受到学者们关注（谢丰等，2011；Hu et al.，2015）。网络风险传导的级联失效模型根据研究切入点的不同主要可分为负载容量模型（窦炳琳和张世永，2011；Sansavini et al.，2009；王建伟和荣莉莉，2009）、沙堆模型（Lee et al.，2004；Goh et al.，2003）、二值影响模型（Kinney et al.，2005；邢茹茹，2018）等。在供应链网络相关问题研究中，基于负载容量的级联失效模型应用最为广泛（段东立等，2013；Yang et al.，2009）。负载容量模型的构建有三个主要内容，即节点的稳态负载、节点的负载最大容量和节点失效后负载的分配策略。

根据网络结构的特点以及研究对象的特性，国内外学者在供应链网络风险传导问题上提出了许多经典模型，其中复杂网络级联失效模型在供应链网络风险传导和网络鲁棒性研究中应用最为广泛。如李勇和管昌生（2012）建立了随机分布的网络模型和负载局部扩展的级联失效抗毁性模型对军事物流保障网络的抗毁性和负载临界值问题进行了研究；李姝等（2021）提出了一种多层供应链网络混合失效模型，对供应链网络的欠载和过载级联失效过程进行了探讨；王英聪和肖人彬（2020）从欠载失效、负载容量上下限和负载重分配方面出发提出更适合供应链网络的级联失效模型，同时研究了模型中的各参数对级联失效的影响。

2.3.4 复杂网络韧性评价

在复杂网络拓扑结构的研究中，对现实网络的复杂网络模型结构稳定性的研究是学者们关注的热点问题之一。随着韧性的概念在多学科研究中的广泛使用，运用复杂网络理论研究系统抗风险能力的成果不断涌现，大部分相关研究采用的都是仿真推演的研究范式，如彭翀等（2018）对长江中游城市群的经济、信息、交通网络进行建模，对城市群城市网络的结构韧性及空间特征进行了研究；魏冶和修春亮（2020）提出一种基于演化韧性的城市网络韧性概念，将城市网络视为一个动态演化的复杂系统，提出基于韧性过程视角的分析框架；陈群等（2018）利用贝叶斯网络建立表达地铁建设施工安全性因素间因果关系的韧性模型，分析各因素与系统韧性的关系；邵斐等（2022）搭建了中国进口铁矿石海运网络抗毁性模型和评估指标，研究了中国铁矿石海运进口网络对于突发风险冲击的抗毁性和保障措施的有效性；程紫运等（2020）基于电力骨干通信网拓扑结构，构建了网络节点差异性矩阵，对网络重要节点在蓄意攻击下的网络抗毁性进行了仿真分析。在解决供应链风险仿真和韧性评估问题的相关研究中，多数学者应用的是复杂网络仿真分析模型，普遍采用崩溃系数、结构熵、节点中心性、有效联通路径等指标对网络拓扑结构进行整体评价。传播仿真是从系统动力学视角探索网络韧性的重要方法，探究网络结构差异与传播状态的关系对网络结构韧性提升具有重大意义。

而在对复杂网络韧性研究过程中，风险在网络中的传播机制问题是仿真推演的另一重要内容。许多相关研究关注于应用传染病模型（SIS）、自举渗流模型等，对网络的级联风险传导机制构建、供应链整体韧性评价、节点脆弱性和重要性评估等问题进行研究，如林樱子等（2021）运用复杂网络理论和SIS病毒传播模型，对国土开发空间网络结构韧性进行了优化策略研究；布尔德列夫等（Buldyrev et al., 2010）采用渗流理论的方法对由某层网络故障节点引发的双层甚至多层网络间的级联失效问题进行研究。段东立等（2013）提出了一种基于负荷重分配异质性的复杂网络级联失效模型，并分析了该模型在无标度网络上的级联失效机制。唐亮等（2016）研究了关联网络层内和层间级联失效机理，提出相应的失效负荷分流策略，通过模拟风险基于同层和层间节点连接关系进行传播的过程，研究了关联供应链网络综合鲁棒性。曾宇和肖人彬（2013）推导给出了网络结构熵函数，进而通过与网络总承受阈值的对比分析，提出了一种网络结构熵优化模型。

2.4 本章小结

大部分运用复杂网络理论对国际贸易网络进行建模并格局分析的研究都专注于复杂网络基础统计指标或者针对研究对象进行改进的统计指标，多数聚焦宏观格局的分析，仅有小部分研究涉及国际贸易网络社区问题，且鲜有深入，特别是在对战略性矿产资源全球贸易网络的格局分析中较少有利用复杂网络社区发现量化算法对网络进行社区结构划分和演化分析的研究。而在网络拓扑结构抗毁性研究领域，针对贸易网络、供应链网络、生态网络、工程网络、城市网络等的韧性评估研究已有很多成果，目前多数集中在对整体网络的风险韧性进行评估，较少对于网络节点的韧性进行分析。

战略性矿产资源全球贸易网络中，贸易国家（地区）作为网络中的节点，其韧性评价对于国家（地区）资源安全更具研究意义。并且现有网络抗毁性、韧性研究的研究对象多为微观网络，采用仿真方法进行宏观贸易网络的韧性评估的研究较少。同时，在有限的矿产资源国际贸易网络风险传播过程相关研究中，没有对国家（地区）在风险传导过程中的竞争对象进行划分，将所有国家（地区）放在一起进行异质性分析，没有将节点的异质性分对象、分阶段进行评估。本书对节点国家（地区）的资源竞争能力的评价方法不仅考虑了突发风险带来的供需失衡背景，而且以相同进口来源为划分标准，对竞争对象进行了详细划分。

在各主要国家（地区）对本国战略性矿产资源的认定评价方法的基础上，很多学者根据不同的资源安全风险定义及侧重点，提出了许多有针对性的量化风险评估方法。然而，现有针对矿产资源供应风险的研究，大多关注静态的风险状态评估以实现战略性矿产资源的识别；或从多年的静态评估结果中进行动态评价分析，主要基于历史开采、进口、供需、边际成本收益等数据进行分析、拟合，预测未来供需状况；或建立指标体系进行指数分析评价，判断当前和未来风险等级，较少关注矿产资源供应网络中突发风险的传导和演化过程问题，所采取的战略性矿产资源风险度量较为单一，并且评价方法对于数据的多样性、完整性要求较高，对于风险传导过程和节点的损失过程相关研究较为缺乏。

第3章 战略性矿产资源国际贸易网络格局分析——以镍、锂为例

20世纪初，复杂网络作为复杂性科学中的重要组成部分得到了迅速的发展（郑啸等，2012）。复杂网络构建的核心思想，是将系统中多个主体映射为网络的节点，将各主体之间的物质流、信息流等映射为网络的有向或者无向边，同时将这些连边通过一定的规则赋予权重。运用复杂网络理论对国际贸易网络进行建模，通过对整体网络的拓扑性质进行研究来揭示贸易格局的宏观形势具有相当的适应性。这种研究范式在国际贸易格局的相关研究中得到广泛应用。战略性矿产资源因其不均衡的时空分布和供需特征，其贸易网络明显呈现小世界、无标度等复杂网络特性，通过将战略性矿产资源的全球贸易网络映射为复杂网络进行拓扑结构分析，研究其国际贸易格局形势，对掌握战略性矿产资源宏观供给形势问题具有较高适应性。

3.1 战略性矿产资源国际贸易网络模型构建及网络分析指标

3.1.1 贸易格局分析网络模型构建方法

战略性矿产资源的全球贸易中，全球多个国家或地区作为贸易主体，适

合作为节点映射到全球贸易复杂网络模型中,产品在国家(地区)之间的贸易流动形成了有向加权连边,相关数据来源为联合国贸易数据库(UN Comtrade Database)。战略性矿产资源国际贸易网络表示为:$\boldsymbol{G}^T = (\boldsymbol{V}^T, \boldsymbol{E}^T, \boldsymbol{W}^T)$,其中 $\boldsymbol{V}^T = \{v_1^T, v_2^T, v_3^T, \cdots, v_n^T\}$ 为节点的集合,代表参与某种矿产贸易活动的国家(地区)集合;$\boldsymbol{E}^T = \{e_{ij}^T | i, j = 0, 1, 2, \cdots, n\}$ 为节点间边的集合,e_{ij}^T 代表节点 v_i^T 和 v_j^T 间的贸易关系,是一个包含 q 个 0 或 ±1 元素的向量,其中 q 为供应链中产品的种类数量,0 表示无贸易关系,元素的 1 和 -1 分别代表出口和进口。贸易层连边为有向边,箭头方向表示产品流动方向;$\boldsymbol{W}^T = \{\boldsymbol{w}_{ij}^T | i, j = 1, 2, \cdots, n\}$ 为边权重,其中 $\boldsymbol{w}_{ij}^T$ 同 e_{ij}^T 一样为包含 q 个元素的向量,各元素的值分别代表各种产品的实际贸易量或者贸易价值。

3.1.2 贸易网络格局基本分析指标

1. 节点的入度和出度

复杂网络节点的度 K_i 指节点与其他节点之间存在的连边数量,在有向复杂网络中,节点的度又可根据连边箭头的指向分为入度 K_i^{in} 和出度 K_i^{out} 两类。通过增加对连边权重 w_{ij} 和 w_{ji} 的考虑,节点的入度和出度可分别扩充为加权入度 $\boldsymbol{WK}_i^{in}$ 和加权出度 $\boldsymbol{WK}_i^{out}$。

$$K_i = K_i^{in} + K_i^{out} \tag{3.1}$$

$$K_i^{in} = \sum_{j=1}^{N} a_{ji} (a_{ji} \in \{0, 1\}, i \neq j) \tag{3.2}$$

$$K_i^{out} = \sum_{j=1}^{N} a_{ij} (a_{ji} \in \{0, 1\}, i \neq j) \tag{3.3}$$

$$\boldsymbol{WK}_i^{in} = \sum_{j=1}^{N} w_{ji} a_{ji} (a_{ji} \in \{0, 1\}, i \neq j) \tag{3.4}$$

$$\boldsymbol{WK}_i^{out} = \sum_{j=1}^{N} w_{ij} a_{ij} (a_{ij} \in \{0, 1\}, i \neq j) \tag{3.5}$$

其中，N 为网络中节点的总数，当存在从节点 i 到节点 j 的连边时，$a_{ij}=1$，否则 $a_{ij}=0$；当存在从节点 j 到节点 i 的连边时，$a_{ji}=1$，否则 $a_{ji}=0$。

在全球贸易复杂网络中，节点的度代表节点国家（地区）在该种贸易中的贸易对象的总数量。相应地，节点的入度指该节点的进口来源国数量，节点的出度指其出口对象的数量。对于参与战略性矿产资源国际贸易的节点国家（地区）来说，其节点的度越大，代表其在网络中的贸易伙伴越多，在网络中的结构影响力相应越大。

2. 网络节点的度分布

复杂网络的度分布是对网络中所有节点的度数量的总体描述。对于随机网络来讲，网络的度分布是指图中节点度的分布概率；对于全连接的复杂网络来讲，网络的度分布为平均分布。基于真实数据的复杂网络模型的度分布一般呈现无标度特性，节点之间的连接状况严重不均匀，少数节点的度值较大，而大部分节点的度值较小，因此其度分布严重右偏或左偏（根据坐标轴变化）。通过对复杂网络的度分布进行刻画，可从宏观上对网络结构特点进行分析。

战略性矿产资源全球分布一般较为集中，导致各种相关产品的贸易结构呈现严重不均衡状态，对战略性矿产资源全球贸易复杂网络的度分布进行刻画，可以对其网络结构的总体情况进行直观展示。

3. 节点的度中心性

在复杂网络节点重要性相关研究中，学者们根据节点在网络中的拓扑结构特征，提出了多种对于节点重要性进行评价的指标。基础的度中心性 C_i 计算方法为该节点的度 k_i 与节点在该网络中理论上可存在的度（即网络为全连接状态时的度）的比值 $C_i = \dfrac{k_i}{N-1}$，其中 N 为网络中节点的总数量。

节点的度中心性度量了节点在网络中的相对连接紧密程度。通过对各个节点的度中心性计算结果进行横向对比可以对节点的重要性进行排序。应用于战略性矿产资源贸易网络格局研究中,节点的度中心性在一定程度上展示了节点的贸易紧密度,度中心性越高的节点其对贸易网络的拓扑结构稳定性贡献越大。

4. 节点的介数中心性

基于对复杂网络的链路分析,对节点重要性的另一个主要度量指标是节点的介数中心性。节点 v 的介数中心性 $c_B(v)$ 定义为在网络中所有最短连接路径中,该节点所出现的次数比例。具有高介数中心性的节点对于网络中链路的连通性有着重要的中介作用,大量路径的畅通依赖于该节点的有效中介。

战略性矿产资源普遍存在分布较为集中的特点,其贸易连通性受地理因素、政治因素、经济因素的多重影响,并且其工业化应用的产业链较长,技术要求高,出于政治关系、生产经济性等考虑,大量进口依赖型国家(地区)无法直接从资源开采国直接进口原矿石进行应用,必须通过中介节点进行资源进口。因此节点介数中心性能够进一步评估战略性矿产资源全球贸易网络中节点在贸易链、产业链中的重要性。

3.2 全球镍矿资源贸易网络格局

金属镍在合金防腐、新能源电池、耐磨、耐高温等材料领域的应用十分广泛,是不锈钢、锂电池、特种合金材料的关键原料,被广泛用于航天、军事、民用工业等产业,属于制造产业发展的关键支撑材料,被多国列入战略性矿产资源(原材料)目录。全球镍矿资源工业化应用主要来源为红土镍矿,主要分布在大洋洲和东南亚地区,我国是红土镍矿资源缺乏国家,资源储量小、品位低,开采成本高,每年主要通过进口来满足资源需求。

全球镍矿资源主要分布在南北回归线范围内的两个区域,一个是大洋洲的新喀里多尼亚、澳大利亚,以及东南亚国家,另一个为中美洲的加勒比海地区。图3.1展示了全球镍矿资源储量主要分布情况（新喀里多尼亚相关数据缺失未列出）。

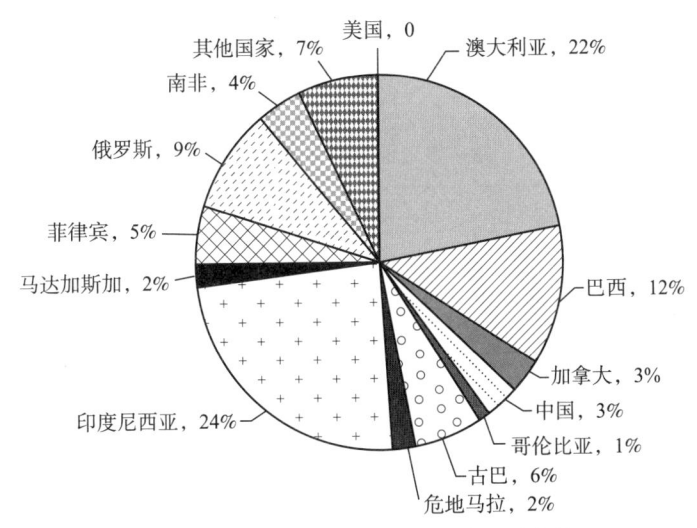

图3.1　2019年全球镍矿资源储量主要分布情况

资料来源：2019年USGS报告。

饼图数据：澳大利亚，22%；巴西，12%；加拿大，3%；中国，3%；哥伦比亚，1%；古巴，6%；危地马拉，2%；印度尼西亚，24%；马达加斯加，2%；菲律宾，5%；俄罗斯，9%；南非，4%；其他国家，7%；美国，0。

由图3.1可知，全球镍矿资源储量最大的国家为印度尼西亚，占比24%，其次为澳大利亚，占比22%，这两个国家的镍矿资源储量占据世界将近一半的份额，全球镍矿资源的分布十分集中。中国作为世界上最大的锂电池和不锈钢生产国，每年消耗大量的镍资源，但中国镍矿资源储量仅占世界的3%左右。

3.2.1　数据来源与网络构建

镍矿资源的应用较为广泛，产业链复杂、产品种类繁多，因数据可获得性，本书在此部分节选镍矿资源产业链上游部分六种主要相关产品作为研究对象。这六种镍矿资源上游产品是镍工业化应用的主要上游产品，根据其冶炼工艺流程以及联合国贸易数据库（UN Comtrade Database）中关于镍矿产品的统计名目，选取表3.1所示的HS编码商品构建全球镍矿产品国际供应链上游及中游产品供应网络。基于 UN Comtrade Database 获取的 2019 年六种镍矿产品全球进出口数据，筛选出全球 88 个主要贸易国家（地区）作为复杂网络节点，搜集共计 1573 条贸易流数据作为有向连边，以贸易价值作为连边的权重，构建全球贸易复杂网络。

表 3.1　　　　　　　　　镍矿供应链上游及中游产品

HS 编码	商品名称	含镍量（%）	HS 编码	商品名称	含镍量（%）
2604	镍矿砂及其精矿	5	283324	镍的硫酸盐	21
7501	镍锍及镍冶炼其他中间产品	32	720260	镍铁	30
282540	镍的氧化物和氢氧化物	80	282735	氯化镍	24

3.2.2　全球镍矿产品进出口贸易格局分析

1. 贸易网络总体概况

图 3.2 和图 3.3 分别为以出口价值和进口价值为权重的全球镍矿产品贸易网络模型。对全球出口和进口整体概况进行了展示，图中节点的大小代表了该节点的对外出口贸易价值大小，节点越大代表该国（地区）对外出口的镍矿产品价值量越高，图中边的明暗和粗细代表了两个节点之间贸易流的贸易价值的大小。

由图 3.2 可知，印度尼西亚占据了镍资源出口贸易的全球绝对主导地位，每年向世界出口大量镍矿资源产品，其次加拿大、菲律宾、新喀里多尼亚和俄罗斯为四个第二梯队镍矿资源出口国，镍资源的全球出口格局呈现"一超多强"的局面，这与这些国家（地区）名列世界前位的镍资源储量相一致。除此之外，芬兰、澳大利亚、巴布亚新几内亚、巴西、哥伦比亚也有较高的镍资源出口份额，属于第三梯队的镍资源出口国。可以看出，全球镍矿资源主要贸易流向中，印度尼西亚向中国出口的贸易流占据绝对重要地位，印度尼西亚与中国之间的连边权重明显高于其他连边。

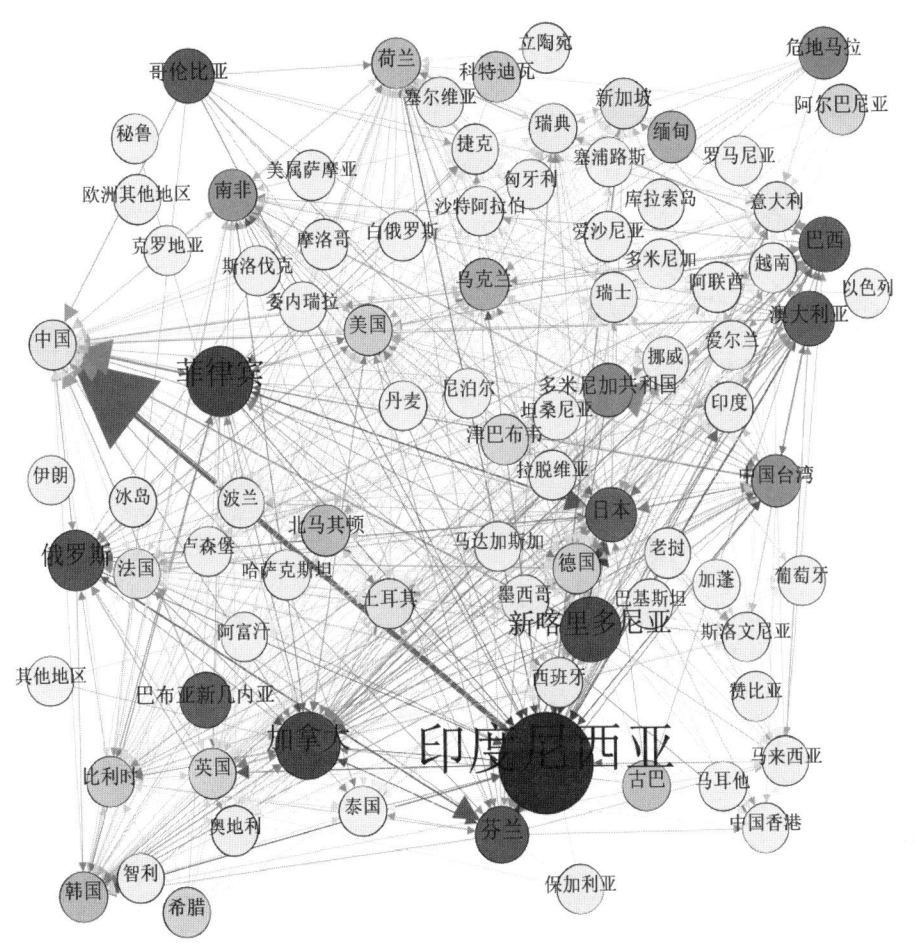

图 3.2　2019 年全球镍矿资源贸易复杂网络（出口）

图 3.3 展示的是以进口价值计的全球镍矿资源贸易网络概况，由图可知，中国作为世界上最大的不锈钢制造国和锂电池制造国，其对于镍矿资源的需求非常高，严重依赖对于镍矿资源的进口。中国 2019 年对于镍资源的进口占据世界第一，并且远远高于第二梯队的芬兰、日本和挪威。中国作为世界上最大的镍资源消费国，其 2019 年的镍资源产量不足世界的 5%，镍资源供应严重依赖印度尼西亚出口，特别是印度尼西亚曾多次颁布镍原矿石出口禁令，虽然中国通过海外购买采矿权和加工后进口的方式一定程度上缓解了镍资源的供给问题，但中国镍资源供应安全隐患仍然较大。

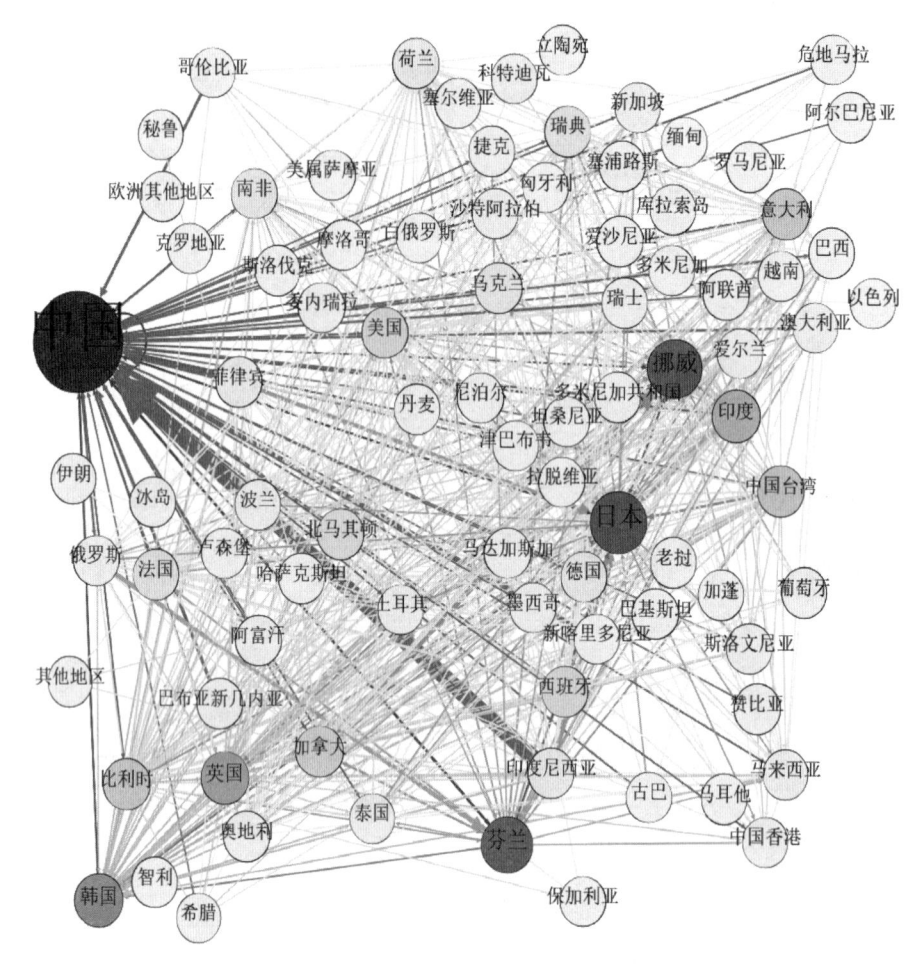

图 3.3　2019 年全球镍矿资源贸易复杂网络（进口）

2. 六种镍矿产品的全球进口贸易概况

图 3.4 为六种镍矿产品（HS：2604、7501、282540、282735、283324、720260）的贸易关系网络图，节点越大表示进口相应比例越大，连边的明暗及粗细相应表示不同的贸易量。由图可知，中国在 2604、7501、282540、720260 四种镍矿产品的国际贸易中都占据了相当大的比重。在上游镍矿石和下游镍铁的国际贸易中，中国都是全世界最大的进口国，中国的镍矿石加工产业规模占据世界主要地位，同时中国对镍铁的消费量也是世界最大的。

第 3 章｜战略性矿产资源国际贸易网络格局分析——以镍、锂为例

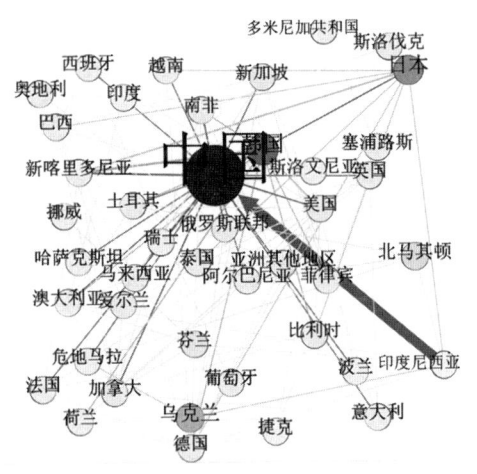

（a）2604 镍矿砂及其精矿国际贸易网络

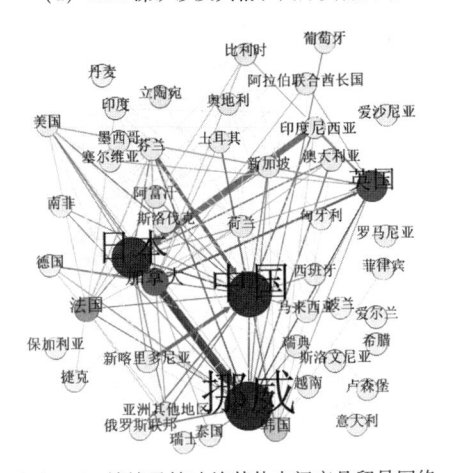

（b）7501 镍锍及镍冶炼其他中间产品贸易网络

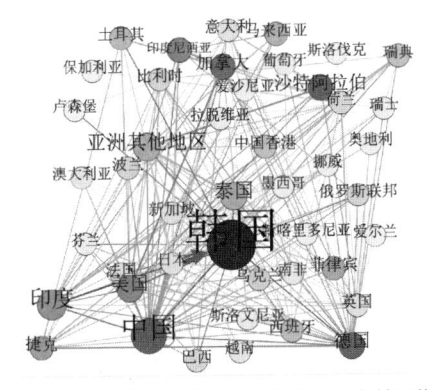

（c）282540 镍的氧化物和氢氧化物国际贸易网络

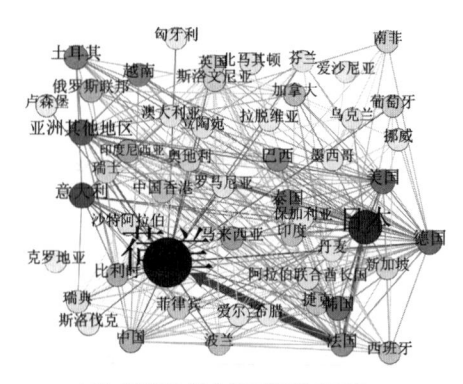

(d) 282735 氯化镍国际贸易网络

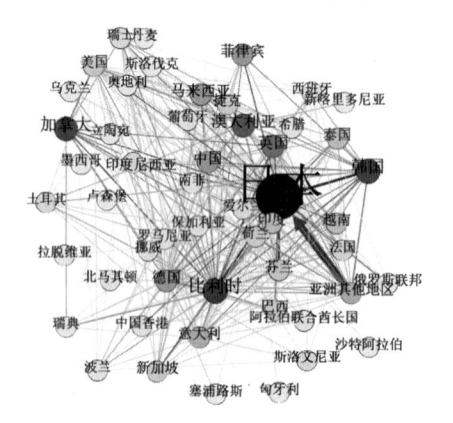

(e) 283324 镍的硫酸盐国际贸易网络

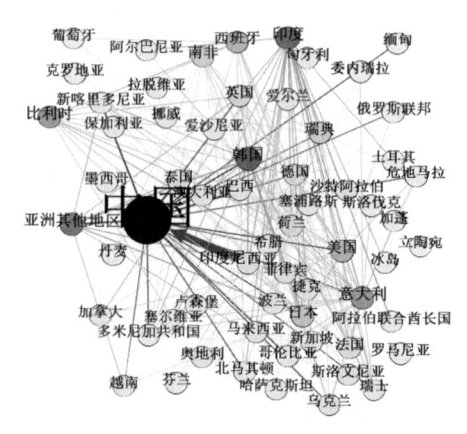

(f) 720260 镍铁国际贸易网络

图 3.4 六种镍矿产品的贸易关系网络

从各产品的进口贸易格局图来看，不同镍矿产品的进口结构均呈现一超多强，或者单个节点占据主要份额的情况。在镍矿砂及其精矿的进口格局中，中国占据了世界主要份额，其他国家（地区）进口数量明显远小于中国，说明中国镍原矿石的加工冶炼产业规模位于世界前列。而在镍锍的进口中，中国、日本和挪威是主要进口国家。六种镍矿产品的需求均较为集中，并且不同的国家（地区）主要的需求产品种类也有较大差异，说明镍矿产业链呈现高度规模化、差异化的特点。中国在多种镍矿产品的进口中均处于主要地位，结合中国较为完整的国内镍矿产业链可以得知，中国镍矿资源需求不仅规模大，而且种类繁多，对镍矿资源的进口具有较高的依赖。

3. 网络的度和度分布

根据3.2.1节贸易网络构建方法，对网络中节点的度分布进行分析，得到如图3.5所示的度等级图和度分布柱状图。可以得出，全球镍矿资源贸易网络的结构较为不均衡，少量节点的度较高，而绝大部分节点的度较小，显示全球镍矿资源贸易网络主要节点占据了贸易的大部分份额，网络呈现出以小部分节点为核心，众多节点连接到核心节点的结构特点。

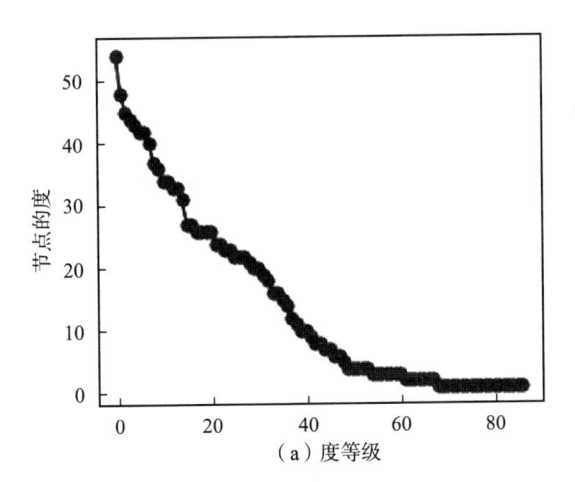

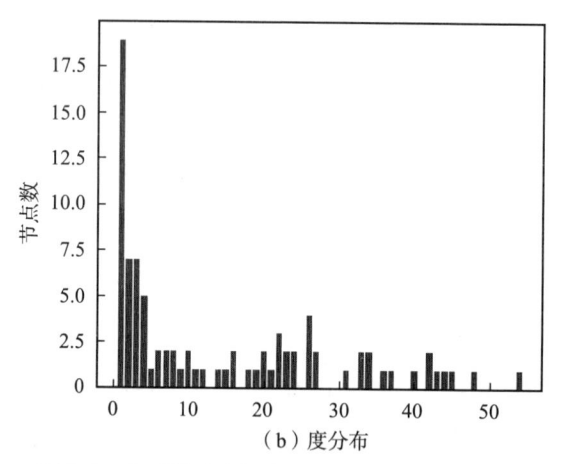

图 3.5 全球镍矿资源贸易网络度等级和度分布

根据贸易网络模型的构建方法，节点国家（地区）的镍矿产品进口总价值量映射为网络的加权入度，相应出口总价值量映射为网络的加权出度。以 2019 年为研究基准年，如图 3.6～图 3.9 所示对 2019 年全球前十大镍矿资源进出口国的加权出度和进口国的加权出度进行分析。

图 3.6 所示的印度尼西亚、菲律宾、加拿大、新喀里多尼亚、俄罗斯、芬兰、巴西、巴布亚新几内亚、哥伦比亚和澳大利亚为 2019 年全球镍矿资源产品出口前十的国家，其中新喀里多尼亚和巴布亚新几内亚的数据缺失，故不作分析。从图中可以看出通过对比这十个国家（地区）2010—2019 年的出口数据变化情况，世界前两大镍矿资源产品出口国印度尼西亚和加拿大在 2010—2019 年都稳坐全球镍矿资源出口的前两位，对比其他出口国占据明显优势，而澳大利亚在 2010—2013 年的镍矿资源出口量紧随印度尼西亚和加拿大排在世界第三的位置，但从 2013 年开始，澳大利亚的出口量不断缩减，与此同时菲律宾的出口量不断上升，此消彼长的情况下菲律宾在 2013 年的镍矿资源出口量超过澳大利亚成为全球第三大出口国。

从各国的 2010—2019 年数据变化趋势可以看出，全球镍矿资源出口前十的国家（地区）在 2010—2019 年的十年间都呈现一种先上升再下降再上升的趋势。全球镍矿资源的出口量谷底出现在 2015 年前后，这与印度尼西亚政府在 2014 年底正式推行禁止镍原矿出口的禁矿政策有直接的关系，印度尼西亚原矿石的出口禁令让许多镍深加工国家（地区）缺乏矿石供给，直接造成了全球镍矿资源各种产品的出口量下降。而 2016 年之后，印度尼西亚的镍矿资源产品出口出现了持续快速的大幅度增长，到 2019 年印度尼西亚的镍矿资源产品出口总值超过了 45 亿美元，世界份额进一步增长。

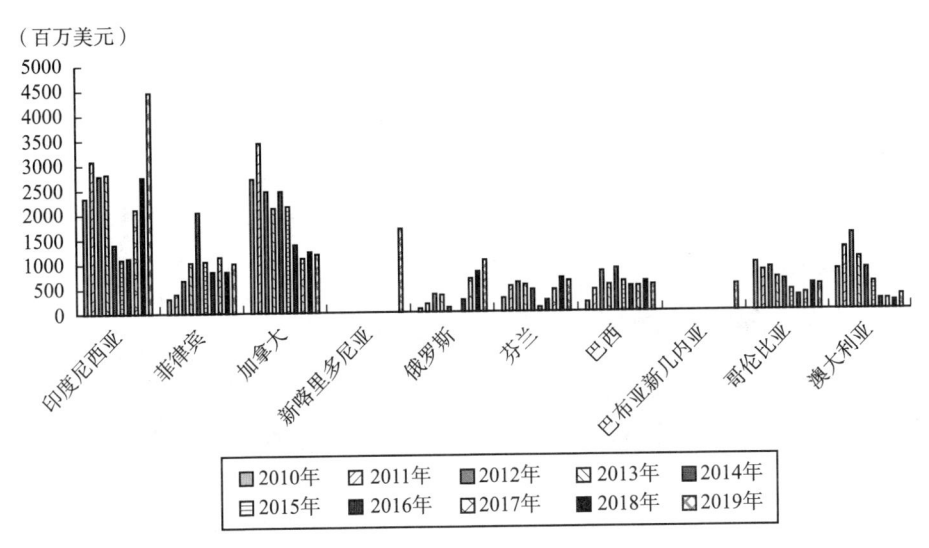

图 3.6　2010—2019 年主要国家镍矿产品出口贸易额（加权出度）

资料来源：UN Comtrade Database。

图 3.7 是 2010—2019 年镍矿资源主要出口国全球份额变化趋势，印度尼西亚、菲律宾、加拿大、俄罗斯、芬兰、巴西、哥伦比亚和澳大利亚在全球镍矿资源的出口中占据了接近七成的份额，镍矿资源的全球出口结构较为集中。可以看出，印度尼西亚作为 2019 年全球最大的镍矿资源出口国，其全球份额从变化趋势来看，2010—2019 年，印度尼西亚镍矿资源出口份额比例在 2010 年到 2013 年基本保持稳定在 19% 左右，在 2014 年因印度尼西亚政府出台了禁止镍原矿石出口的禁令，2014 年所占份额暴跌至不足全球的 10%，但在此之后，经过产业调整和出口禁令的松动，印度尼西亚的镍资源出口比例自 2014 年的不足 10% 稳定增长到 2019 年的 23% 左右，一跃

成为全球最大的镍资源出口国。与此相对的是,加拿大的镍资源出口份额在2011年前后占据了世界的20%左右,但在此之后出现了较大萎缩,直到2014年印度尼西亚因镍原矿石出口禁令的实施出现上涨,但2015年开始,其全球份额持续下降,到2019年仅占世界的7%左右。2015年俄罗斯、芬兰、巴西、哥伦比亚和澳大利亚均出现了镍资源的出口谷底,其中俄罗斯在2015年的份额下降至不足2%。

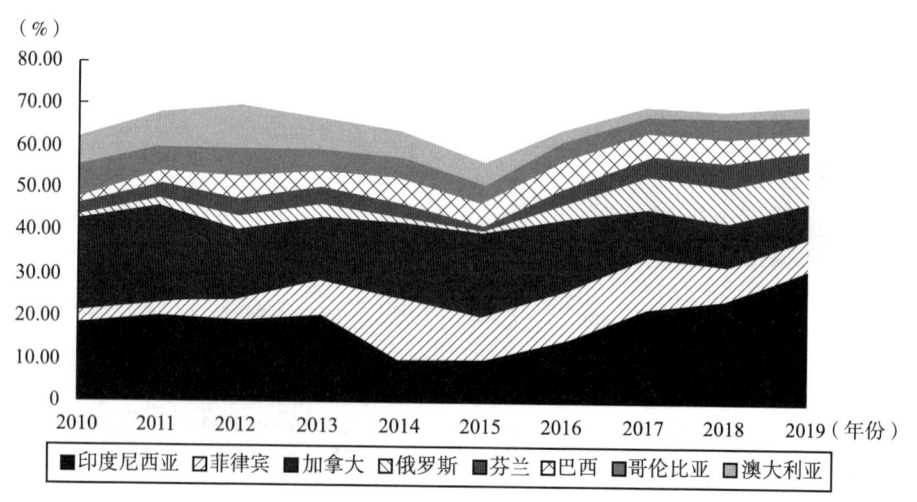

图 3.7 2010—2019 年全球主要国家镍矿资源产品出口贸易份额

资料来源:UN Comtrade Database。

图 3.8 展示了 2019 年全球前十位的镍矿资源进口国家(地区)2010—2019 年十年间的进口价值变化情况。可以看出,中国这十年中一直保持最大的镍矿资源进口国的位置,从中国的进口变化趋势可以看出,进口额呈现先上升再下降再上升的趋势,2016 年中国的镍矿资源进口额下降至 2010 年水平,这与 2014 年底印度尼西亚实施的镍原矿石出口禁令的原因密切相关,在中国通过原矿石初加工再出口的方案避开出口禁令以及印度尼西亚原矿石出口禁令出现一定程度的松动之后,中国镍资源进口逐步上升,在 2019 年达到了接近 100 亿美元的规模。而从其他国家(地区)的进口价值量变化情况看,变化程度不明显,但总体趋势与中国较为类似。图 3.9 展示的是 2010—2019

年十大进口国（地区）全球份额变化情况。可以看出，中国镍矿资源的进口占世界比例最大，并呈现不断上升趋势，从2010年的25%左右上升到2019年的40%以上，其他国家（地区）所占份额相对稳定，未出现明显的波动。

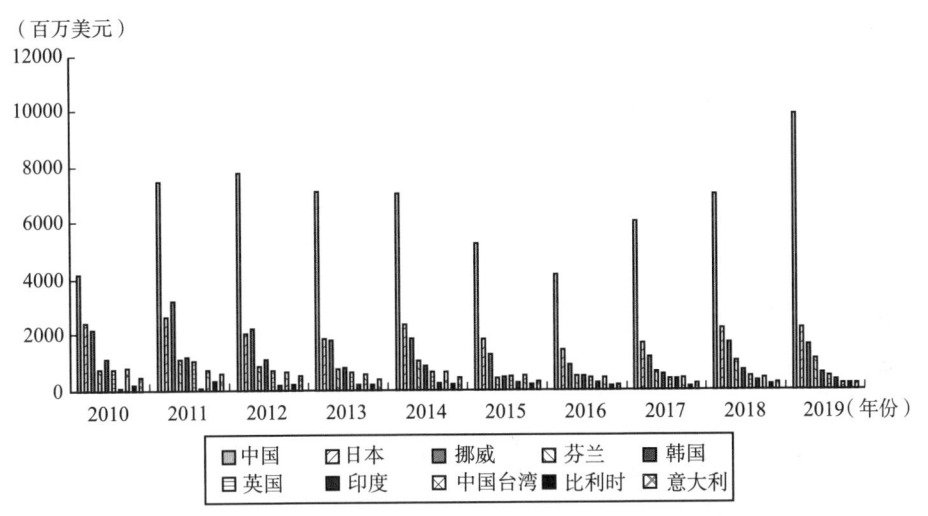

图3.8　2010—2019年主要国家（地区）镍矿产品进口贸易额（加权入度）

资料来源：UN Comtrade Database。

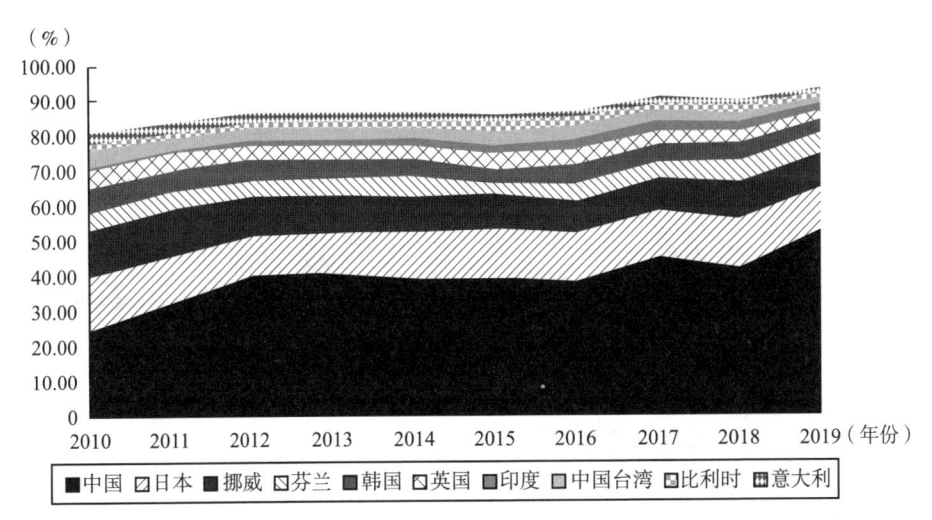

图3.9　2010—2019年全球主要国家（地区）镍矿资源产品进口贸易份额

资料来源：UN Comtrade Database。

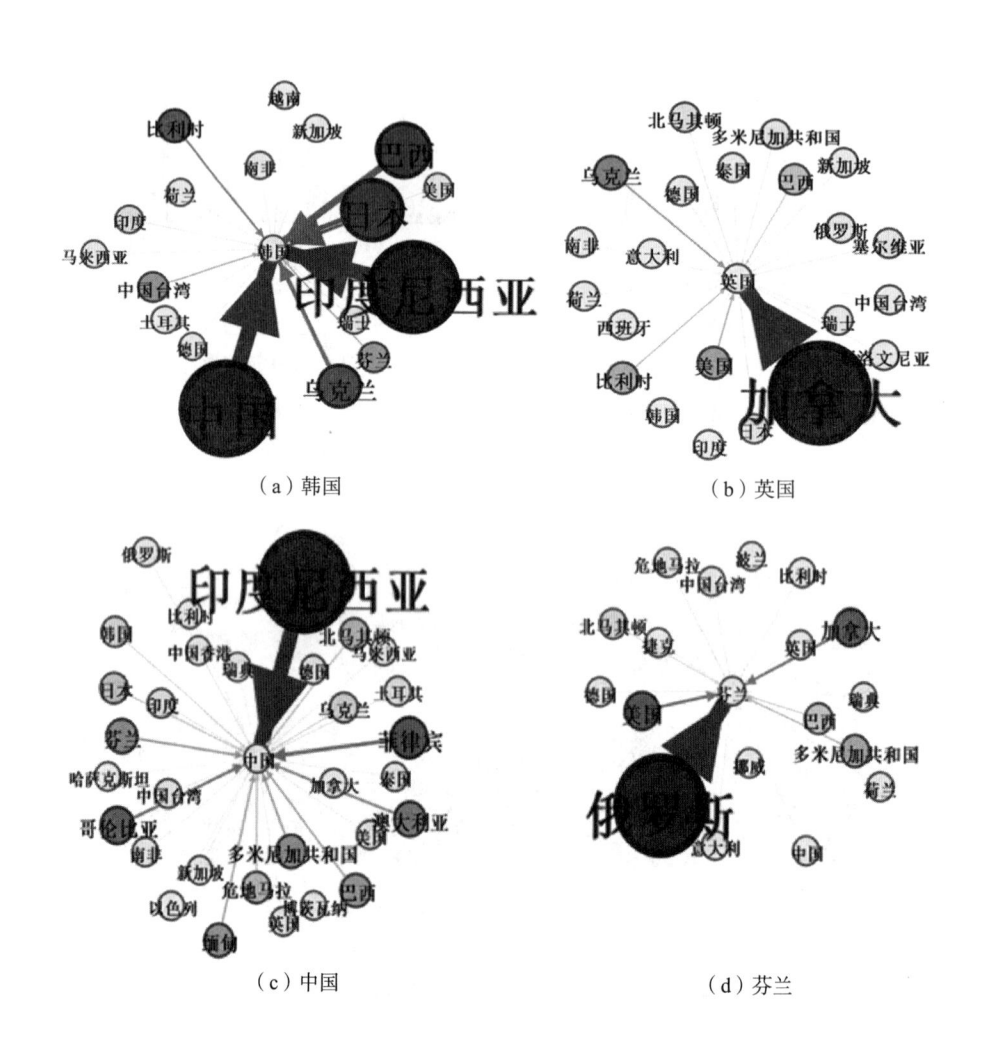

图 3.10 展示的是全球前六大镍矿资源进口国的进口来源情况,可以看出,中国作为最大的镍矿进口国,同时也有着最多的镍矿资源进口来源,但主要还是依靠印度尼西亚。而日本和韩国进口结构相对均衡,日本镍矿资源的进口主要依靠印度尼西亚,但菲律宾和中国台湾地区也是其重要的进口来源,韩国镍矿资源进口是六大进口国中最为均衡的,拥有中国和印度尼西亚作为两个主要来源,同时巴西、日本、乌克兰也是其重要的镍矿资源供应国家。

(a) 韩国

(b) 英国

(c) 中国

(d) 芬兰

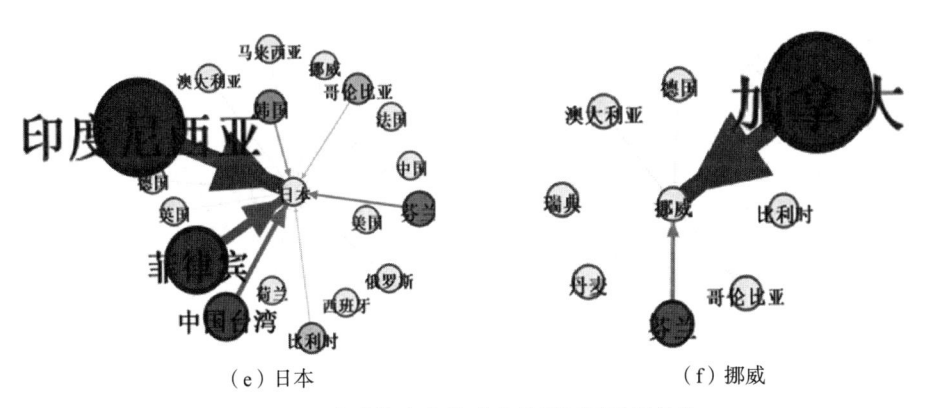

第 3 章 | 战略性矿产资源国际贸易网络格局分析——以镍、锂为例

（e）日本　　　　　　　　　　　　（f）挪威

图 3.10　全球前六大镍矿产品进口国进口结构

图 3.11 为对中国、芬兰、日本、挪威、韩国和英国这六大镍资源进口国的赫芬达尔 – 赫希曼指数（Herfindahl – Hirschman Index，HHI）计算。由图 3.11 可以看出，在镍矿资源贸易的前六大进口国中，韩国的进口集中度指数最低，为 0.2216，韩国镍矿资源进口来源结构在六大进口国中最为均衡，具有较高的稳定性。中国的进口集中度指数为 0.3117，紧随韩国之后，与日本的 0.3222 较为接近，进口来源相对分散，具有较低的镍矿资源进口集中度。而英国和挪威相对具有较高的集中度，不利于镍矿资源供应安全。

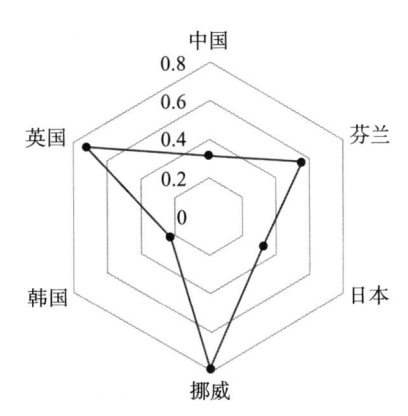

图 3.11　全球前六大镍矿产品进口国 *HHI* 进口集中度指数

4. 镍矿资源贸易网络节点的度中心性

全球镍矿资源贸易网络节点的度中心性代表了节点与网络中其他节点的实际连边数量和全连接状态连边数量的比值,贸易节点国家(地区)与其他节点国家(地区)的连边越多,代表其贸易紧密性越高,通过对 2019 年的全球镍矿资源贸易网络中主要的 87 个国家(地区)节点中心性的计算,结果见表 3.2。

表 3.2　　　　　　2019 年镍矿资源贸易网络节点度中心性

国家(地区)	度中心性	国家(地区)	度中心性	国家(地区)	度中心性
阿富汗	0.0814	希腊	0.093	巴基斯坦	0.0116
阿尔巴尼亚	0.0581	危地马拉	0.0814	巴布亚新几内亚	0.0233
美属萨摩亚	0.0116	匈牙利	0.0465	秘鲁	0.0116
其他地区	0.0349	冰岛	0.0116	菲律宾	0.314
澳大利亚	0.3488	印度	0.6512	波兰	0.3256
奥地利	0.3837	印度尼西亚	0.4302	葡萄牙	0.1163
白俄罗斯	0.0116	伊朗	0.0233	韩国	0.6395
比利时	0.686	爱尔兰	0.0814	罗马尼亚	0.0233
巴西	0.4419	以色列	0.0116	俄罗斯	0.3256
保加利亚	0.0349	意大利	0.6163	沙特阿拉伯	0.1279
加拿大	0.5465	日本	0.5465	塞尔维亚	0.0465
智利	0.0116	哈萨克斯坦	0.0233	新加坡	0.3721
中国	0.9651	老挝	0.0116	斯洛伐克	0.0116
中国香港	0.1744	拉脱维亚	0.0116	斯洛文尼亚	0.314
哥伦比亚	0.1163	立陶宛	0.0116	南非	0.4651
克罗地亚	0.0116	卢森堡	0.0465	西班牙	0.5116
古巴	0.0698	马达加斯加	0.0116	瑞典	0.3837
库拉索	0.0116	马来西亚	0.3605	瑞士	0.3953
塞浦路斯	0.0465	马耳他	0.0116	泰国	0.3488

续表

国家（地区）	度中心性	国家（地区）	度中心性	国家（地区）	度中心性
捷克	0.3023	墨西哥	0.1163	土耳其	0.3256
科特迪瓦	0.0349	摩洛哥	0.0233	乌克兰	0.2442
丹麦	0.0349	缅甸	0.0116	阿联酋	0.1977
多米尼加	0.0233	尼泊尔	0.0116	英国	0.593
多米尼加共和国	0.1279	荷兰	0.7907	坦桑尼亚	0.0349
爱沙尼亚	0.0465	新喀里多尼亚	0.1628	美国	0.7442
芬兰	0.4302	北马其顿	0.186	委内瑞拉	0.0233
法国	0.7326	挪威	0.2791	越南	0.2093
加蓬	0.0116	其他亚洲地区	0.5698	赞比亚	0.0349
德国	0.8721	其他欧洲地区	0.0116	津巴布韦	0.0349

表中各节点国家（地区）的度中心性计算结果均进行了归一化处理，以便进行横向对比，通过不同的着色效果进行展示，节点度中心性值越靠近0颜色越浅，反之越接近1则越深。多数节点国家（地区）的度中心性数值均较小，大部分国家（地区）在镍矿国际贸易中仅拥有少数贸易伙伴，进口结构较为单一。而少部分国家（地区）在镍矿资源贸易网络中与其他国家（地区）的贸易紧密度较高，其中中国的节点中心性在所有国家（地区）中是最高的，达到了0.9651（归一化后），说明中国在全球镍矿资源贸易网络中与大量国家（地区）有着相关贸易往来，贸易紧密度高。

5. 镍矿资源贸易网络节点的介数中心性

在战略性矿产资源贸易网络中，因为产业结构、地理位置、地缘政治等因素的存在，许多贸易网络下游国家（地区）对战略性矿产资源的进口必须通过多个国家（地区）发挥中介作用完成。复杂网络的介数中心性通过对节点国家（地区）出现在所有最短路径中的次数占总路径数量的比例作为判断节点重要性的测度。通过对全球镍矿资源贸易网络主要节点度节点的介数中心性进行计算，能够获得节点国家（地区）在整个贸易网络中对其他节点的影响能力，较高的介数中心性代表节点在整个产业链和贸易链中有着更高的掌控能力。本书对 2019 年镍矿资源贸易网络主要节点的介数中心性计算结果见表 3.3，所有节点国家（地区）的介数中心性数值进行了归一化处理，并在表中通过不同的明暗效果进行展示，节点中心性值越靠近 0 颜色越浅，反之越接近 1 则越深。可以看出，荷兰、中国和韩国有最高的介数中心性，在多条网络最短路径中承担贸易中介作用，澳大利亚、印度尼西亚、巴西、俄罗斯等镍矿资源大国因为出口对象少、产品单一等特点反而具有较小的介数中心性。

表 3.3　　　　2019 年镍矿资源贸易网络节点介数中心性

国家（地区）	介数中心性	国家（地区）	介数中心性	国家（地区）	介数中心性
阿富汗	0	希腊	0	巴基斯坦	0
阿尔巴尼亚	0	危地马拉	0	巴布亚新几内亚	0
美属萨摩亚	0	匈牙利	0	秘鲁	0
其他地区	0	冰岛	0	菲律宾	0.0363
澳大利亚	0.0161	印度	0.0234	波兰	0.0532
奥地利	0.0112	印度尼西亚	0.0107	葡萄牙	0.0215
白俄罗斯	0	伊朗	0	韩国	0.194
比利时	0.0827	爱尔兰	0.0056	罗马尼亚	0
巴西	0.0114	以色列	0	俄罗斯	0.0057
保加利亚	0	意大利	0.02	沙特阿拉伯	0
加拿大	0.1027	日本	0.0003	塞尔维亚	0
智利	0	哈萨克斯坦	0	新加坡	0.0057
中国	0.2344	老挝	0	斯洛伐克	0
中国香港	0	拉脱维亚	0	斯洛文尼亚	0.051
哥伦比亚	0	立陶宛	0	南非	0.0525
克罗地亚	0	卢森堡	0	西班牙	0.0486
古巴	0	马达加斯加	0	瑞典	0

续表

国家（地区）	介数中心性	国家（地区）	介数中心性	国家（地区）	介数中心性
库拉索	0	马来西亚	0.0112	瑞士	0.0111
塞浦路斯	0.023	马耳他	0	泰国	0.0057
捷克	0.0711	墨西哥	0	土耳其	0.0062
科特迪瓦	0	摩洛哥	0	乌克兰	0.0057
丹麦	0	缅甸	0	阿联酋	0.0242
多米尼加	0	尼泊尔	0	英国	0.0453
多米尼加共和国	0	荷兰	0.2443	坦桑尼亚	0
爱沙尼亚	0	新喀里多尼亚	0	美国	0.0114
芬兰	0.0259	北马其顿	0	委内瑞拉	0
法国	0.0517	挪威	0	越南	0
加蓬	0	其他亚洲地区	0.0707	赞比亚	0
德国	0.0524	其他欧洲地区	0	津巴布韦	0

3.3 全球基础锂产品贸易网络格局

由于日益增长的全球气候变化和能源安全问题，世界主要国家（地区）早已就减少化石能源使用的必要性达成共识，化石能源利用中，全球燃油车的消耗占据重要份额，在全球碳减排共识下，人类从燃油车转向电动汽车和电池技术已经成为必然的趋势。因此，近年来全球大多数主要汽车制造商都宣布了全面电动化计划。电驱动全面代替燃油驱动的核心问题在于动力电池，在现有技术和产业背景下，以三元锂和磷酸铁锂为代表的锂动力电池是所有汽车制造厂商必然的选择。锂作为动力电池的重要组成成分，受到全球各大经济体的集中关注，美国、中国、日本、欧盟等经济体均将锂列入了本国战略性矿产清单作为重点关注矿产。

锂是密度最小的金属元素，同时也是重要的能源金属，在金属冶炼、制冷、新能源电池以及陶瓷和玻璃等行业中具有重要的作用。全球锂矿资源储量相对比较丰富，主要分布在美洲、亚洲、大洋洲等。全球锂矿床主要分为卤水矿床、海水矿床、温泉矿床、堆积矿床、伟晶岩矿床五种类型，其中盐湖卤水中的锂资源占据了全球已探明储量的九成以上。我国已探明锂矿资源储量占世界7%左右（USGS，2019），主要为盐湖矿床，仅有15%的已探明储量为矿石形式。

随着全球能源革命的不断深入，以锂为主要代表的能源金属的供给问题愈加严峻。全球锂矿资源储量并不稀少，但分布较为集中，图3.12展示了全球锂矿资源分布情况，由图可知，全球超过50%的锂矿资源分布在南美洲的智利，其次为澳大利亚和阿根廷，分别拥有全球19.40%和14.37%的已探明储量，中国虽然排在全球储量榜的第四，但储量份额仅为7.18%。而中国作为世界上最大的锂电池生产国，每年对锂资源的需求规模位于世界前列，国内锂资源开采不能满足相关需求，中国锂矿资源的对外依存度较高。

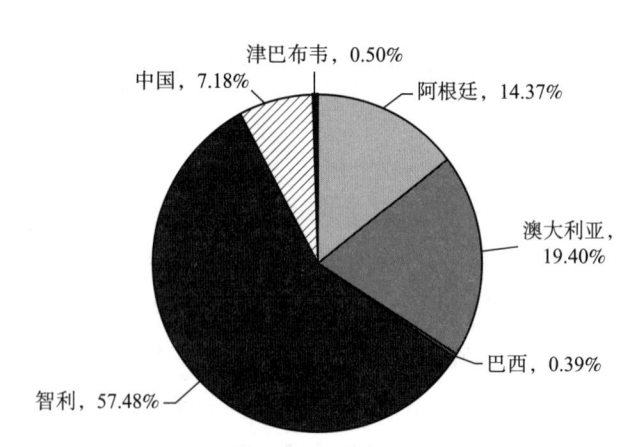

图3.12　2019年全球锂矿资源储量分布

资料来源：2019年USGS报告。

3.3.1　数据来源与网络构建

锂矿资源产业链主要可分为四级，即上游产品（锂原矿）、基础锂产品、深加工锂产品和下游产品。锂上游产品包括卤水、锂矿石和海水（见图3.13），为实现锂的工业化应用均需要通过将上游产品转化为以氯化锂、氢氧化锂、碳酸锂为代表的基础锂产品，因数据可获得性，本研究选择基础锂产品作为主要研究对象，选择 HS 编码 282520（锂的氧化物和氢氧化物）和 HS 编码 283691（碳酸锂）的全球贸易数据①进行复杂网络建模。为避免因 2020 年新冠疫情对全球贸易所带来的异常贸易流动的影响，数据年份选择 2019 年。在基础锂产品的全球贸易复杂网路连边权重的处理上，鉴于 HS 编码 282520（锂的氧化物和氢氧化物）和 HS 编码 283691（碳酸锂）两类产品的含锂量和贸易价格极为相似，同时其用途和来源也仅存在工艺差别，故直接利用两种商品的贸易价值作为连边的权重，在同时存在两种类别商品的贸易节点对之间，采用直接相加的方式合并权重，以构建基础锂产品的全球贸易复杂网络。

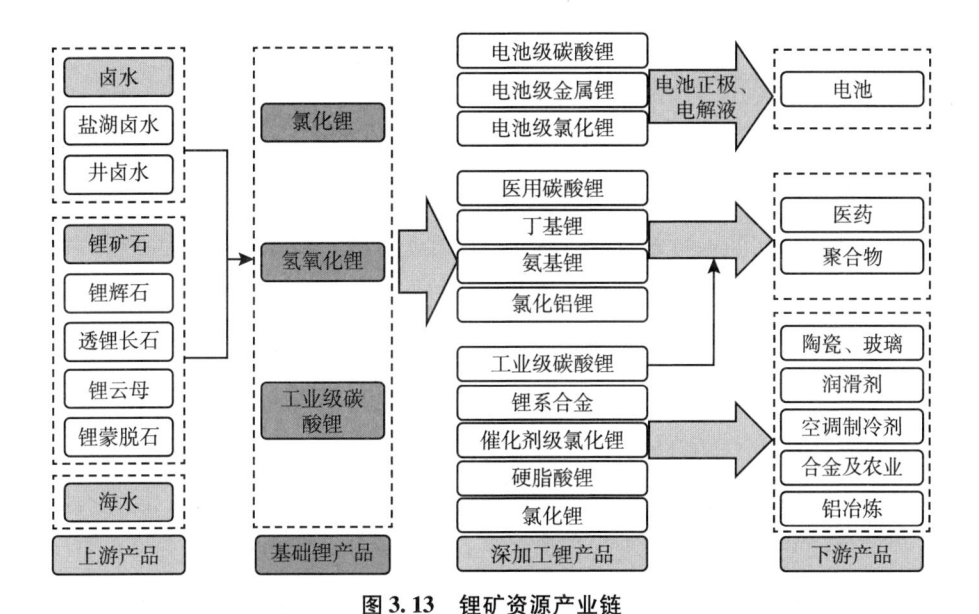

图 3.13 锂矿资源产业链

① UN Comtrade Database。

3.3.2 全球基础锂产品进出口贸易格局

1. 贸易网络总体概况

基于 UN Comtrade Database 获取的 2019 年基础锂产品全球进出口数据，本节筛选出全球 100 个基础锂产品主要贸易国家（地区）和 770 条贸易流数据，通过 Gephi 进行可视化绘图，图 3.14 和图 3.15 分别为以出口价值计和以进口价值计的全球基础锂产品贸易复杂网络。

为减少极少量贸易国家（地区）对可视效果的影响，本节选取前 100 个贸易国家（地区），舍去了其他的小额贸易国家（地区）数据，该 100 个贸易国家（地区）的贸易量占据了世界总贸易量的 95% 以上。图中节点的大小代表了该节点的对外出口贸易价值大小，越大代表该国对外出口的基础锂产品总价值量越高，图中边的颜色深浅和粗细代表了两个节点之间贸易流的贸易价值的大小。2019 年全球基础锂产品的出口总体贸易概况显示，智利和中国是全球最大两个基础锂产品出口国，远远超过第三大出口国阿根廷。从美国地质调查局（2019）的数据报告可知，玻利维亚、阿根廷和智利拥有全球最高的锂资源储量，分别为 2100 万吨、1700 万吨和 900 万吨，而中国作为世界上最大的锂资源消费国，只有 450 万吨的已探明锂储量，远远低于玻利维亚、阿根廷和智利，但从 2019 年的贸易数据来看，中国仍然是世界上第二大基础锂产品出口国，中国以较低的资源储量主导着基础锂产品的重要产能，不仅满足了中国自身的需求，也使中国成为世界第二大基础锂产品出口国，推断可知，中国对于上游锂原矿的进口需求巨大，但其有着世界领先的基础锂产品加工规模和水平。除了锂原矿，玻利维亚几乎没有生产任何锂深加工产品，而拥有第二大锂资源储量的阿根廷，缺乏专业知识和现金流对该国的锂产业产生了负面影响，导致该国出口的基础锂产品远少于智利或中国。

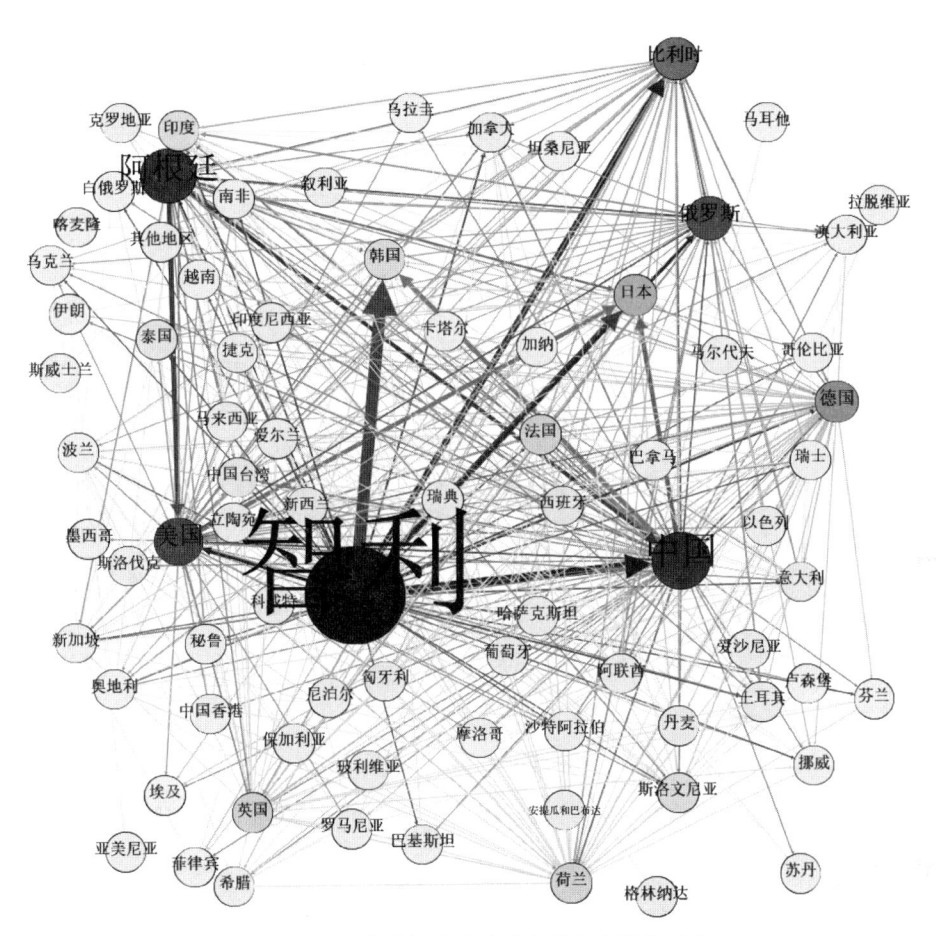

第 3 章 | 战略性矿产资源国际贸易网络格局分析——以镍、锂为例

图 3.14　2019 年基础锂产品全球贸易复杂网络（出口）

图 3.15 展示了 2019 年全球基础锂产品的进口总体贸易概况，日本和韩国是世界上最大的两个基础锂产品进口国，中国紧随其后为第三大进口国，但其进口价值量远低于日本和韩国。图中节点间连边的粗细和颜色的深浅表示节点间贸易流量的权重，即贸易价值量的大小，可以看出，在全球所有的基础锂产品贸易流中，智利对韩国和日本的出口以及中国对韩国和日本的出口是全球最重要的基础锂产品贸易流，智利和中国对于日本和韩国的基础锂产品安全供给有着举足轻重的地位。这不仅是因为中国基础锂产品的生产规模巨大，占据世界主要份额，而且中日韩三国同属亚洲地区，日本和韩国对

— 65 —

于基础锂产品的需求占世界总需求同样较高,且两国的锂资源储量均较少,对外依存度高。

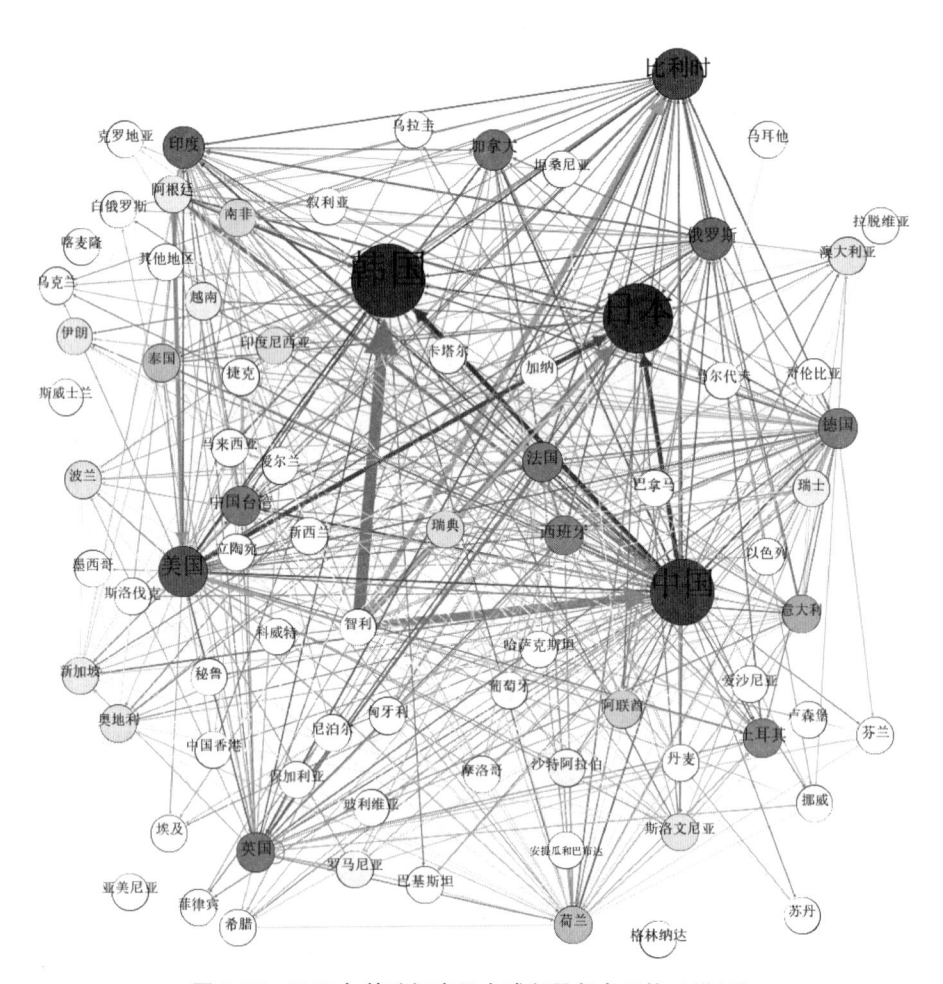

图 3.15 2019 年基础锂产品全球贸易复杂网络(进口)

2. 网络的度和度分布

根据 3.2.1 节贸易网络构建方法,对网络中节点的度分布进行分析,得到如图 3.16 所示的度等级图和度分布柱状图。全球基础锂产品贸易网络的结构较为不均衡,少量节点的度较高,而绝大部分节点的度较小,显示全球基础锂产品贸易网络少数主要节点占据了贸易关系的大部分份额，贸易紧密度较低网络呈现出以小部分节点为核心，众多节点连接到核心节点的结构特点，网络的无标度性明显。

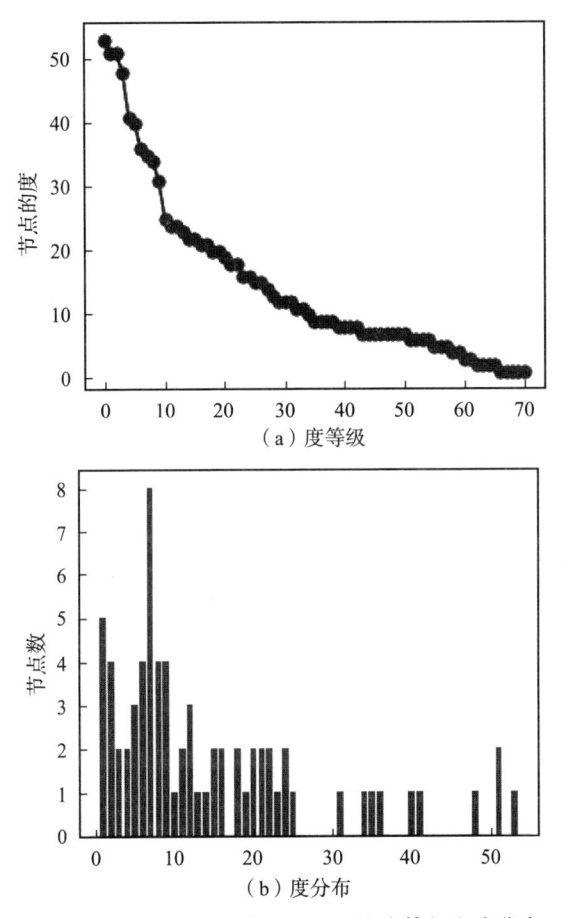

图3.16　全球基础锂产品贸易网络度等级和度分布

根据贸易网络模型的构建方法，节点国家（地区）的基础锂产品进口总价值量映射为网络的加权入度，相应出口总价值量映射为网络的加权出度。以2019年为研究基准年，如图3.17～图3.20所示对2019年全球前十大基础锂产品进出口国的加权出度和加权入度进行分析。

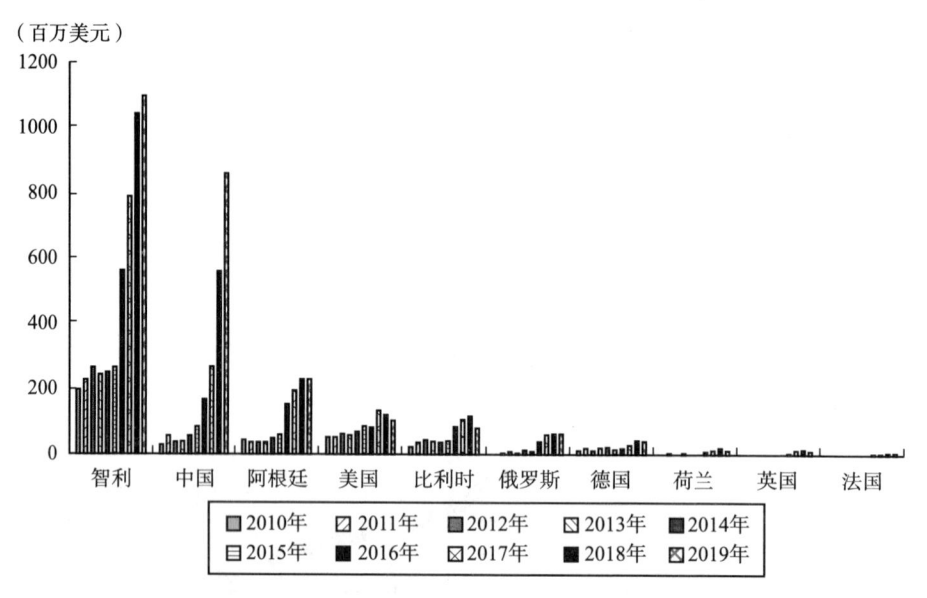

图 3.17　2010—2019 年主要国家基础锂产品出口贸易额（加权出度）

资料来源：UN Comtrade Database。

图 3.17 为 2019 年全球基础锂产品出口前十的国家（地区），通过对比这十个国家（地区）2010 年到 2019 年十年间的出口数据变化情况可以看出，智利、中国、阿根廷、美国和比利时在全球基础锂产品的出口中占据了九成以上的份额，世界基础锂产品出口市场集中度较高。而从各国历年变化趋势中可以看出，虽然 2010—2015 年各国的基础锂产品出口价值量均呈现上涨，但主要的增长爆发期明显出现在 2016 年，并在此之后呈现相当高的增速。因为从 2015 年第四季度开始，全球市场对于电动汽车和动力锂电池的需求呈现爆发式增长，在全球范围内带来了基础锂产品需求的大幅提升。图 3.18 是 2010—2019 年基础锂产品主要出口国全球份额变化趋势，智利、中国、阿根廷、美国、比利时、俄罗斯、德国、荷兰、英国和法国在全球基础锂产品的出口中占据 95% 以上的份额，基础锂产品的全球出口结构较为集中。可以看出，智利作为全球最大的基础锂产品出口国，其全球份额一直保持在 40% 以上，是全球基础锂产品出口的绝对主导力量，但从变化趋势

来看，从 2010 年到 2019 年，除中国以外，其余主要出口国家（地区）的全球份额都出现了下降，中国在全球基础锂产品出口所占的份额持续呈现上涨趋势，特别是 2019 年，全球最大基础锂产品出口国智利的份额出现较大下滑，这十个主要出口国中，仅中国出现较大涨幅，中国在全球基础锂产品出口市场中的地位不断上升，这与中国布局新能源汽车普及化所带来的动力电池需求暴涨、国家资源安全战略的不断实施和强劲的工业能力密不可分。

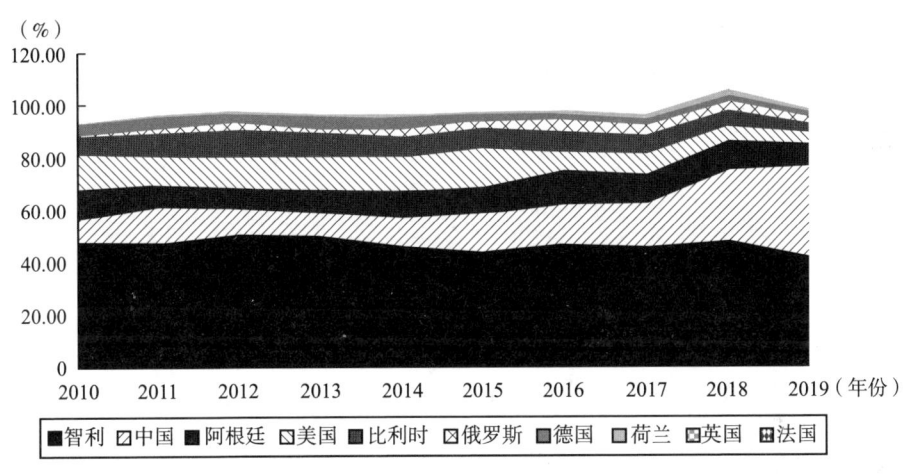

图 3.18　2010—2019 年全球主要国家基础锂产品出口贸易份额

资料来源：UN Comtrade Database。

图 3.19 为 2019 年全球基础锂产品进口价值量前十的国家（地区），通过对比这十个国家（地区）2010—2019 年十年间的出口数据变化情况可以看出，韩国、日本是世界上最大的基础锂产品进口国，比第三位的中国均有超过 2 倍的进口，中国、美国和比利时紧随其后占据在全球基础锂产品的进口的第 3、4、5 名，这前五大基础锂产品进口国占据了全球九成以上的份额，世界基础锂产品进口市场集中度较高。不同于其他主要进口国，德国在 2010—2012 年的基础锂产品进口数量相比 2013—2019 年较高，但 2013 年出现断崖式下跌，并在此之后呈现缓慢上涨。由图 3.20 可以看出，韩国、日

本、中国、美国、比利时、荷兰、俄罗斯、印度、法国和德国在全球基础锂产品的进口市场中占据了八成以上的份额。韩国和日本对于基础锂产品的进口占比呈现明显的逐年上升趋势，并且两国的进口份额从 2010 年的 35% 左右迅速增长到 2019 年的 50% 以上，韩国和日本无疑是基础锂产品全球贸易的主要参与者。而德国和美国的进口份额明显呈现下降趋势，这两国均为发达国家，国家实力强劲，可以看出其国内的基础锂产品制造能力不断提升。中国作为全球第二大基础锂产品出口国和全球第三大基础锂产品进口国，随着其基础锂产品生产能力的不断提升，其进口份额从 2010 年到 2019 年呈现先上升后下降的趋势，中国海外开采、就地加工策略，让中国在全球基础锂产品的贸易中占据了相当的优势地位，也大幅提升了其基础锂产品安全供给能力。

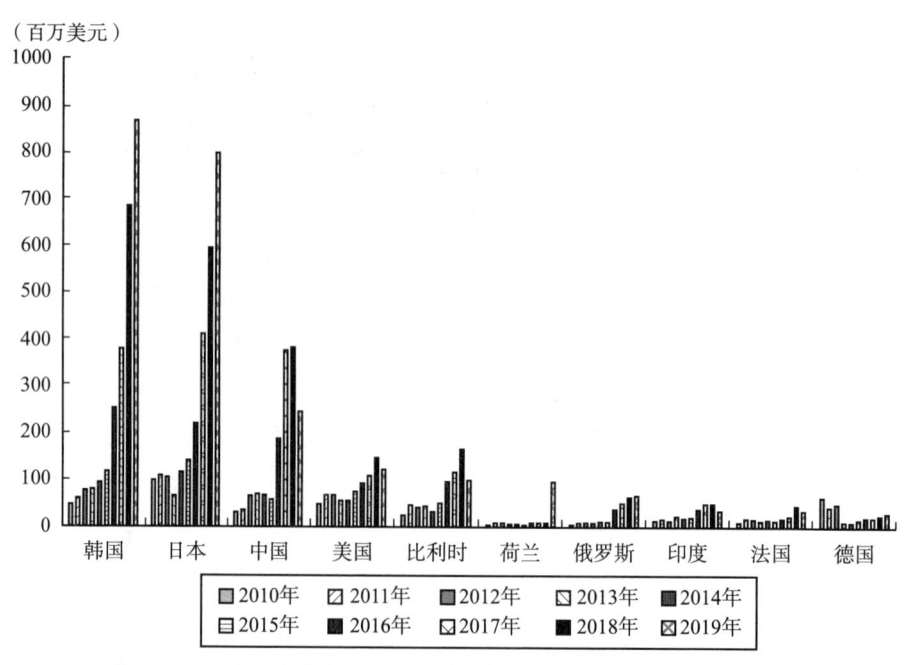

图 3.19　2010—2019 年主要国家基础锂产品进口贸易额（加权入度）

资料来源：UN Comtrade Database。

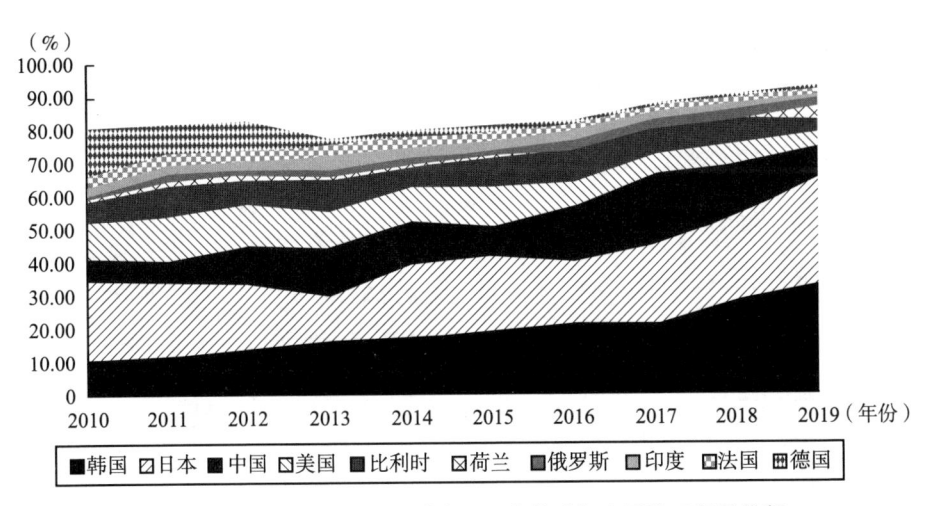

第 3 章 | 战略性矿产资源国际贸易网络格局分析——以镍、锂为例

图 3.20　2010—2019 年全球主要国家基础锂产品进口贸易份额

资料来源：UN Comtrade Database。

本节对 2019 年全球基础锂产品贸易网络中前六大主要进口国韩国、日本、中国、美国、比利时、荷兰的主要进口来源进行了可视化展示，如图 3.21 所示，从前六大基础锂产品进口国的进口来源来看，中国、智利是最主要的两个进口来源国，六大主要进口国的进口结构均呈现以一到两个主要贸易对象为主，多个小型进口来源国为辅，其中比利时仅有一个主要基础锂产品进口来源——智利，除中国外，比利时作为主要进口国，也是荷兰的主要出口国，因此比利时和荷兰两国的基础锂产品进口主要来源完全依赖智利。这六大基础锂产品进口国的进口结构均较为不均衡，缺乏来源多样性。

图 3.22 为对韩国、日本、中国、比利时、美国、荷兰这六大基础锂产品进口国的 HHI 计算。从图 3.22 的进口集中度指数结果来看，在全球基础锂产品贸易中，前六大进口国的进口集中度均较高，特别是中国、韩国和比利时，但中国作为主要进口国，同时也是主要的出口国，其进口份额中大部分为自有海外矿山产出的基础锂产品，可不纳入讨论。韩国和比利时的进口集中度指数达到 0.4666 和 0.4819，说明两国进口来源较为单一，具有较低的稳定性。美国在这六大进口国中具有最低的进口集中度，达到 0.3365，

相对来说在六大主要镍矿资源进口国家（地区）中具有最小的集中度。

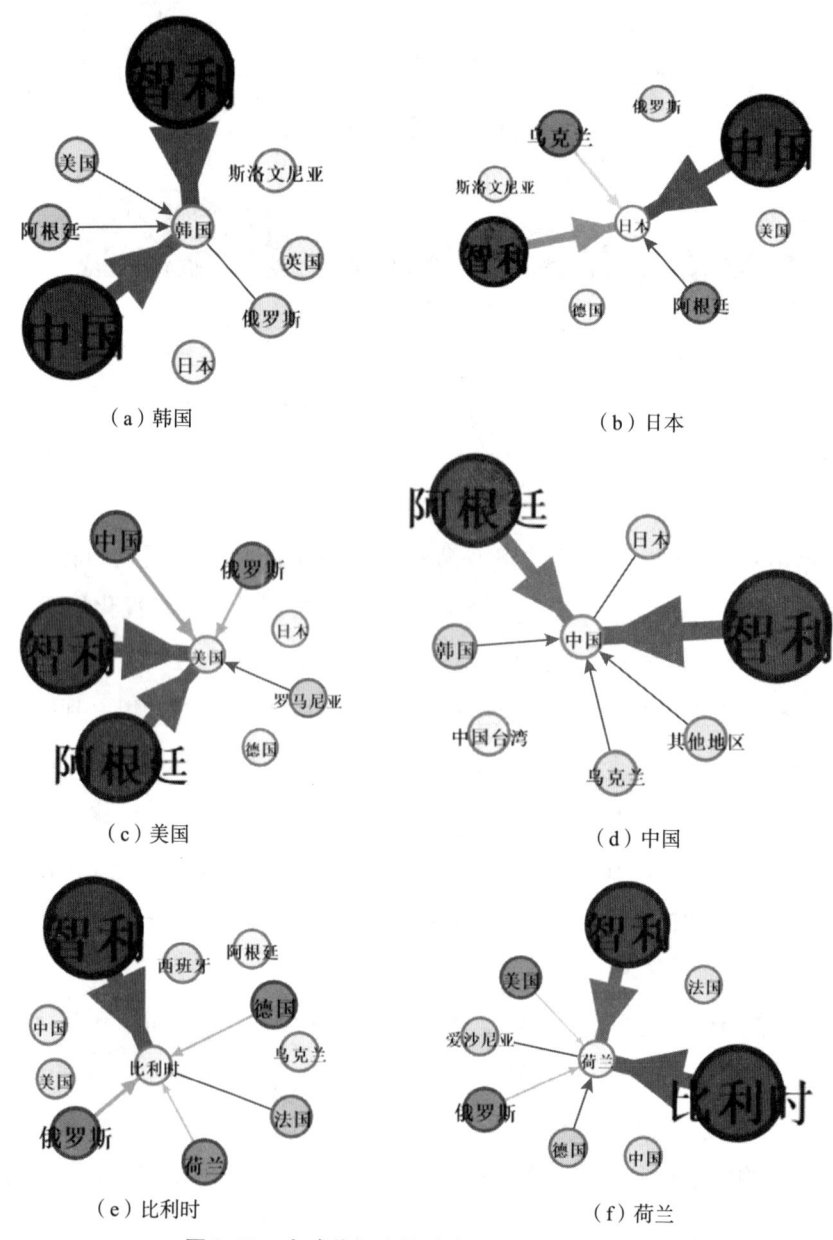

（a）韩国

（b）日本

（c）美国

（d）中国

（e）比利时

（f）荷兰

图 3.21　全球前六大镍矿产品进口国进口结构

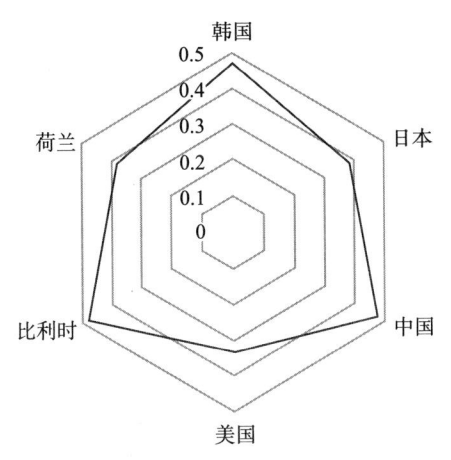

第 3 章 | 战略性矿产资源国际贸易网络格局分析——以镍、锂为例

图 3.22　全球前六大基础锂产品进口国 *HHI* 进口集中度指数

3. 网络节点的度中心性

网络节点的度中心性代表了节点与网络中其他节点的实际连边数量和全连接状态连边数量的比值，贸易节点国家（地区）与其他节点国家（地区）的连边越多，代表其贸易紧密性越高，本节对 2019 年的全球基础锂产品贸易网络中主要的 71 个国家（地区）节点度中心性进行了计算，结果见表 3.4。

表 3.4　2019 年全球基础锂产品贸易网络节点度中心性

国家（地区）	度中心性	国家（地区）	度中心性	国家（地区）	度中心性
其他地区	0.0429	印度尼西亚	0.2143	卡塔尔	0.0143
阿根廷	0.4429	爱尔兰	0.1143	韩国	0.4
澳大利亚	0.2286	以色列	0.1143	罗马尼亚	0.1857
奥地利	0.3571	意大利	0.4429	俄罗斯	0.7286
白俄罗斯	0.1	日本	0.3857	沙特阿拉伯	0.1
比利时	0.6286	哈萨克斯坦	0.0857	塞尔维亚	0.0714
保加利亚	0.1	科威特	0.0571	新加坡	0.2857
加拿大	0.4	拉脱维亚	0.0429	斯洛伐克	0.1286

续表

国家（地区）	度中心性	国家（地区）	度中心性	国家（地区）	度中心性
智利	0.8429	立陶宛	0.0143	斯洛文尼亚	0.3286
中国	1	卢森堡	0.0143	南非	0.1571
中国香港	0.1	马来西亚	0.2429	西班牙	0.3571
哥伦比亚	0.0857	墨西哥	0.0429	瑞典	0.2429
克罗地亚	0.1143	摩洛哥	0.1	瑞士	0.3714
捷克	0.3143	荷兰	0.8	泰国	0.2571
丹麦	0.2429	新西兰	0.1429	突尼斯	0.0857
埃及	0.0857	尼日利亚	0.0143	土耳其	0.1286
爱沙尼亚	0.1571	挪威	0.1286	乌克兰	0.0857
芬兰	0.2143	其他亚洲地区	0.2429	阿联酋	0.1286
法国	0.6286	其他欧洲地区	0.0286	英国	0.7714
德国	0.9143	巴基斯坦	0.0714	美国	0.9
加纳	0.0286	秘鲁	0.0714	乌兹别克斯坦	0.0286
希腊	0.1857	菲律宾	0.1143	越南	0.1143
匈牙利	0.1714	波兰	0.3286	津巴布韦	0.0143
印度	0.6429	葡萄牙	0.1286		

表中各节点国家（地区）的度中心性计算结果均进行了归一化处理，以便进行横向对比，通过不同的明暗效果进行展示，节点度中心性值越靠近0越浅，反之越接近1则越深。由表可知，多数节点国家（地区）的度中心性数值均较低，大部分国家（地区）在基础锂产品国际贸易中仅拥有少数贸易伙伴，贸易结构较为单一。而少部分国家（地区）在网络中与其他国家（地区）的贸易紧密度较高，其中中国、德国、美国、智利和荷兰的节点度中心性最高，分别达到了1.000、0.9143、0.9000、0.8429，这几个国家（地区）在全球基础锂产品的贸易中与多个邻居节点之间有贸易往来，具有较高的贸易紧密度。而其他节点国家（地区）中，大部分度中心性较低，处于贸易网络的下游。

4. 网络节点的介数中心性

在战略性矿产资源贸易网络中，因为产业结构、地理位置、地缘政治等因素的存在，许多贸易网络下游国家（地区）对战略性矿产资源的进口必须通过多个国家（地区）发挥中介作用完成。复杂网络的介数中心性通过对节点国家（地区）出现在所有最短路径中的次数占总路径数量的比例作为判断节点重要性的测度。通过对全球基础锂产品贸易网络主要节点的介数中心性进行计算，能够获得节点国家（地区）在整个贸易网络中对其他节点的影响能力，较高的介数中心性代表节点在整个产业链和贸易链中有着更高的掌控能力。本节对2019年基础锂产品贸易网络主要节点的介数中心性计算结果见表3.5。

表3.5　　2019年全球基础锂产品贸易网络节点介数中心性

国家（地区）	介数中心性	国家（地区）	介数中心性	国家（地区）	介数中心性
其他地区	0	印度尼西亚	0	卡塔尔	0
阿根廷	0.0004	爱尔兰	0.1155	韩国	0.1673
澳大利亚	0.0106	以色列	0.0248	罗马尼亚	0.0302
奥地利	0.0658	意大利	0	俄罗斯	0.1677
白俄罗斯	0	日本	0	沙特阿拉伯	0
比利时	0.0712	哈萨克斯坦	0.0033	塞尔维亚	0
保加利亚	0.0002	科威特	0	新加坡	0.0128
加拿大	0.0896	拉脱维亚	0	斯洛伐克	0.0234
智利	0.1296	立陶宛	0	斯洛文尼亚	0
中国	0.0903	卢森堡	0	南非	0
中国香港	0	马来西亚	0.0128	西班牙	0.0019
哥伦比亚	0	墨西哥	0	瑞典	0.0099
克罗地亚	0.0166	摩洛哥	0	瑞士	0.2998
捷克	0.0387	荷兰	0.4161	泰国	0
丹麦	0.0416	新西兰	0	突尼斯	0

续表

国家（地区）	介数中心性	国家（地区）	介数中心性	国家（地区）	介数中心性
埃及	0	尼日利亚	0	土耳其	0
爱沙尼亚	0.0104	挪威	0	乌克兰	0
芬兰	0.0128	其他亚洲地区	0.0698	阿联酋	0
法国	0.0133	其他欧洲地区	0	英国	0.04
德国	0	巴基斯坦	0	美国	0.0642
加纳	0	秘鲁	0	乌兹别克斯坦	0
希腊	0.017	菲律宾	0	越南	0
匈牙利	0.0031	波兰	0.0017	津巴布韦	0
印度	0.3872	葡萄牙	0		

所有节点国家（地区）的介数中心性数值进行了归一化处理，并在表中通过不同的着色效果进行展示，节点介数中心性值越靠近0颜色越偏向红色，反之越接近1则越偏向蓝色。从表中可以看出，多数节点国家（地区）的介数中心性为0或较小，在基础锂产品的多条贸易路径中，这些国家（地区）对于基础锂产品为纯消费国家（地区），没有或较少有产品出口的情况。其中荷兰、印度、瑞士的节点介数中心性在所有国家（地区）中是最高的，分别达到了0.4161、0.3872和0.2998（均为归一化后），说明这三个国家（地区）在全球基础锂产品贸易网络中存在于多个国家（地区）的贸易链最短路径中，对这些国家（地区）的基础锂产品进口有着重要的中介作用。在多条网络最短路径中承担贸易中介作用。

3.4 本章小结

战略性矿产资源普遍具有分布集中、储量较小、供需结构性失衡的特点，国际贸易作为许多国家（地区）战略性矿产资源供给的主要方式，对于国家（地区）资源安全具有重要影响。对战略性矿产资源的全球贸易格局进行复杂网络建模分析对于掌控宏观资源供给形势和相关部门制定贸易政策提供支撑。

本章研究中，通过分别构建镍矿资源和基础锂产品的全球贸易复杂网络，对2019年两类产品的全球贸易格局进行格局分析。在对两矿种相关产品的世界进出口概况进行可视化分析的基础上，对主要进出口国家（地区）的进口来源和世界份额进行了全面展示，并且分别选取2019年两类产品贸易价值排名前十的国家（地区）2010—2019年的贸易数据进行动态分析。运用复杂网络度及度分布、度中心性以及节点介数中心性对网络结构特点和节点异质性进行了评价。通过本章的研究，全球镍矿资源和基础锂产品的贸易格局有了清晰的展示。

第 4 章 战略性矿产资源贸易网络社区演化分析及节点进口竞争力评价

　　战略性矿产资源全球贸易受到地缘政治、自然灾害、公共事件、经济产业发展、技术创新等多重因素的综合影响，在长期的贸易过程中，在多种因素的综合影响下战略性矿产资源的全球贸易格局呈现出特定的贸易格局，这种格局的形成并不是随机的，其中蕴含了大量的信息，但这些信息难以通过因果线索的挖掘进行研究，为深入研究和揭示战略性矿产资源全球贸易网络演化趋势，本章先通过复杂网络社区发现算法对多时间切片的战略性矿产贸易网络进行社区划分，对社区演化过程进行趋势分析，在对镍矿资源的贸易社区分析中还加入了分产品的贸易社区划分研究，对中国主要进口产品的贸易进行了细分研究。然后基于基准年（2019 年）的网络社区划分结果，利用改进加权的 PageRank 算法，对各社区内节点的重要性进行评价，并综合其他四个维度的指标对供给突发短缺情景下节点对战略性矿产资源的进口竞争能力进行评价，为节点韧性的仿真分析提供数据基础。

4.1　基于 BGLL 算法的战略性矿产资源贸易网络社区划分与演化分析

4.1.1　算法简介

　　复杂网络的社区发现算法中，模块度的应用最为广泛，众多启发式复杂网络社区发现算法都依靠模块度或者优化的模块度作为社区划分质量的度量。模块度的概念首先由纽曼（Newman）于 2004 年提出作为社区划分质量的测度，在此之后模块度的概念经过多次改进，但其基本内涵总是基于社区内节点之间的联系相对更加紧密这一前提。模块度的计算通过同一社区内的边的数量占所有边数量的比例，减去对这些边进行随机分配所得到的概率期望。模块度 Q 的计算公式为

$$Q = \frac{1}{2m}\sum_{vw} A_{vw}\delta_{vw} - \frac{1}{2m}\sum_{vw}\frac{k_v k_w}{2m}\delta_{vw} = \sum_{i=1}^{c}(e_{ii} - a_i^2) \qquad (4.1)$$

其中，m 为网络中的连边数，A_{vw} 为节点 v 和节点 w 之间的连接情况，δ_{vw} 为决策变量，如果节点 v 和节点 w 在同一个社区则取 1，否则取 0，k_v 为节点 v 的度，e_{ij} 为连接社区 i 和社区 j 的连边数，a_i 为社区 i 的边总数。

BGLL 算法也称为 Louvain 算法，是布朗德尔等（Blondel et al.）在 2008 年提出的一种基于层次模块度增益的贪婪算法，通过逐轮启发式迭代，该算法在计算大型网络社区划分的时候时间复杂度是线性的，具有计算时间优势，适用于超大型复杂网络。BGLL 算法不仅具有时间复杂度线性的优点，其基于优化的模块度增益，检测效果稳定，应用范围广，实用价值高，能够为网络呈现出完整的分层社区结构，从而获得不同分辨率的社区检测。如图 4.1 所示，BGLL 算法过程主要分为以下两个阶段。

第一阶段：在对加权复杂网络 N 进行社区划分时，算法首先分配给所有节点一个单独的社区划分，即在初始阶段复杂网络中有多少个节点便有多少个社区。然后通过遍历地凝聚节点 i 的邻居节点 j，通过模块度的增益来决定节点 i 应与哪个邻居节点 j 凝聚为一个社区能够获得最大的模块度增益。如果所有的凝聚都无法获得模块度的正向增益，节点 i 将保留原始状态的社区划分。在凝聚单个节点的过程中，模块度的增益计算方法为

$$\Delta Q = \left[\frac{\sum_{in} + k_{i,in}}{2m} - \left(\frac{\sum_{tot} + k_i}{2m}\right)^2\right] - \left[\frac{\sum_{in}}{2m} - \left(\frac{\sum_{tot}}{2m}\right)^2 - \left(\frac{k_i}{2m}\right)^2\right]$$

$$(4.2)$$

其中，$\sum_{in}$ 为社区 C 中所有连边的权重之和，$\sum_{tot}$ 为指向社区 C 的所有连边的总权重，k_i 为所有指向节点 i 的连边权重之和，$k_{i,in}$ 为从节点 i 指向社区 C 中所有节点连边的权重之和，m 为网络中所有连边权重之和。

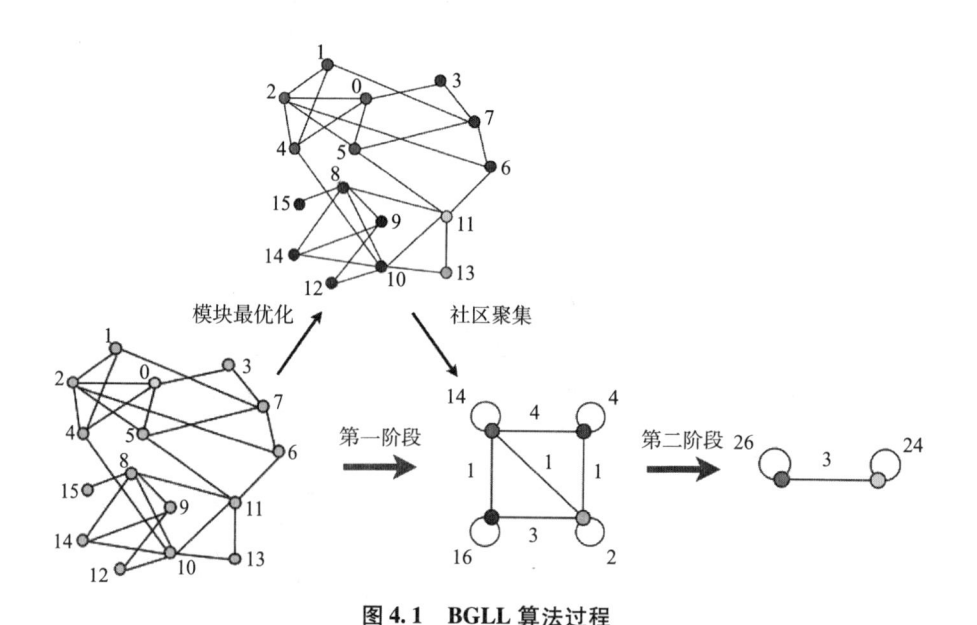

图 4.1 BGLL 算法过程

资料来源：Blondel V D, Guillaume J L, Lambiotte R, et al. Fast unfolding of communities in large networks [J]. *Journal of Statistical Mechanics: Theory and Experiment*, 2008（10）: 10008.

第二阶段：基于第一阶段所获得的社区划分进行新网络的构建。新网络相对原始网络，将第一阶段所划分的社区作为新的节点，新节点的连边权重为社区之间连边的权重之和，由此可以获得低分辨率的复杂网络 N'。通过第二阶段的算法，低分辨率的原始复杂网路构建完成之后，再次调用第一阶段算法进行再次凝聚。每一次调用第二阶段算法，原始网络的节点数量都会有所下降。

通过多次反复调用第一阶段和第二阶段算法，原始网络的多层次社区划分结果即可获得，并且算法的每阶段调用计算时间不断减少，最后收敛到模块度最大化，获得最终划分结果。

4.1.2 全球镍矿资源贸易网络的社区演化分析

1. 全球镍矿资源整体贸易网络社区分析

在构建全球镍矿资源贸易网络中,采用3.1.1节的构建方法,网络节点选择2010年、2013年、2016年和2019年全球六种镍矿产品(见表3.1)主要贸易国家(地区),连边的权重选择产品的贸易价值。采用BGLL算法,设定分辨率为标准分辨率1,对构建的4个年度的全球镍矿产品贸易网络进行社区划分(见表4.1)。

表4.1　　2010年、2013年、2016年和2019年全球镍矿资源
国际贸易网络社区划分结果

年份	划分结果
2010	(1) 意大利、阿尔巴尼亚、土耳其、中国、印度尼西亚、日本、新西兰、中国台湾、菲律宾、美国、阿塞拜疆、克罗地亚、希腊、匈牙利、印度、葡萄牙、塞尔维亚、斯洛文尼亚、瑞士、阿根廷、中国香港、哥伦比亚、厄瓜多尔、以色列、马来西亚、巴基斯坦、俄罗斯、新加坡、西班牙、泰国、突尼斯、英国、玻璃瓦尔、智利、孟加拉国、文莱、朝鲜、伊朗、哈萨克斯坦、缅甸、斯里兰卡、越南、加纳、秘鲁、斯洛伐克、古巴、北马其顿、阿联酋、肯尼亚、尼泊尔、尼日利亚、哥斯达黎加、萨尔瓦多、吉尔吉斯斯坦、马绍尔群岛、乌兹别克斯坦、黑山、约旦、格鲁吉亚、几内亚、卡塔尔、洪都拉斯、冰岛、特立尼达和多巴哥; (2) 澳大利亚、加拿大、新喀里多尼亚、韩国、挪威、多米尼加共和国、危地马拉、马达加斯加; (3) 芬兰、巴西、白俄罗斯、波兰、拉脱维亚、立陶宛、其他地区、摩洛哥、摩尔多瓦、叙利亚; (4) 德国、荷兰、奥地利、保加利亚、捷克、法国、马耳他、委内瑞拉、比利时、丹麦、黎巴嫩、卢森堡、墨西哥、沙特阿拉伯、瑞典、罗马尼亚、埃及、乌克兰、爱沙尼亚、喀麦隆、阿尔及利亚、塞浦路斯、多米尼加、爱尔兰; (5) 南非、科特迪瓦、安哥拉、博茨瓦纳、莱索托、马里、纳米比亚、赞比亚、津巴布韦
2013	(1) 阿尔巴尼亚、中国、塞浦路斯、澳大利亚、日本、新西兰、菲律宾、韩国、中国香港、古巴、葡萄牙、西班牙、哥伦比亚、智利、朝鲜、印度尼西亚、斯里兰卡、越南、也门、卢森堡、缅甸、新喀里多尼亚、老挝; (2) 巴西、加拿大、芬兰、希腊、巴拉圭、乌拉圭、其他地区、危地马拉、摩洛哥;

续表

年份	划分结果
2013	(3) 德国、意大利、塞尔维亚、土耳其、比利时、印度、荷兰、中国台湾、美国、奥地利、保加利亚、克罗地亚、捷克、法国、伊朗、拉脱维亚、罗马尼亚、斯洛文尼亚、瑞士、乌克兰、阿联酋、阿根廷、埃及、匈牙利、爱尔兰、以色列、马来西亚、波兰、俄罗斯、沙特阿拉伯、新加坡、斯洛伐克、瑞典、泰国、英国、玻利维亚、孟加拉国、巴基斯坦、秘鲁、乌兹别克斯坦、委内瑞拉、哥斯达黎加、厄瓜多尔、波黑、多米尼加共和国、爱沙尼亚、科特迪瓦、马达加斯加、墨西哥、阿尔及利亚、安哥拉、白俄罗斯、贝宁、刚果、丹麦、冰岛、黎巴嫩、立陶宛、黑山、北马其顿、突尼斯、埃塞俄比亚、加纳、肯尼亚、尼泊尔、乌干达、伊拉克、哈萨克斯坦; (4) 挪威、南非、博茨瓦纳、刚果金、莱索托、马里、毛里塔尼亚、纳米比亚、津巴布韦、特殊门类、赞比亚
2016	(1) 北马其顿、澳大利亚、巴西、中国、印度、日本、基里巴斯、新西兰、中国台湾、菲律宾、韩国、新加坡、泰国、美国、奥地利、捷克、法国、葡萄牙、西班牙、中国香港、哥伦比亚、印度尼西亚、爱尔兰、马来西亚、巴基斯坦、沙特阿拉伯、瑞典、瑞士、土耳其、英国、越南、巴拉圭、乌拉圭、智利、玻利维亚、孟加拉国、柬埔寨、朝鲜、尼日利亚、斯里兰卡、阿联酋、坦桑尼亚、乌兹别克斯坦、马耳他、科特迪瓦、多米尼加共和国、马达加斯加、摩洛哥、其他地区、文莱、肯尼亚、科威特、缅甸、尼泊尔、阿塞拜疆、秘鲁、维京群岛、特立尼达和多巴哥、约旦、卡塔尔、格鲁吉亚、塞内加尔、叙利亚、阿曼、加纳、哥斯达黎加; (2) 拉脱维亚、芬兰、俄罗斯、爱沙尼亚、白俄罗斯、立陶宛、亚美尼亚、吉尔吉斯斯坦; (3) 阿尔巴尼亚、塞尔维亚、黑山; (4) 加拿大、克罗地亚、德国、比利时、波黑、喀麦隆、丹麦、埃及、卢森堡、墨西哥、挪威、古巴、斯洛伐克、冰岛、哈萨克斯坦、黎巴嫩; (5) 荷兰、保加利亚、意大利、波兰、斯洛文尼亚、希腊、匈牙利、以色列、罗马尼亚、伊朗、乌克兰、厄瓜多尔、委内瑞拉、突尼斯、阿根廷、危地马拉、阿尔及利亚、塞浦路斯、摩尔多瓦; (6) 南非、博茨瓦纳、刚果金、斯威士兰、几内亚、索莱托、马里、毛里求斯、莫桑比克、纳米比亚、特殊门类、赞比亚、津巴布韦
2019	(1) 阿富汗、美属萨摩亚、澳大利亚、巴西、中国、哥伦比亚、古巴、丹麦、多米尼加共和国、加蓬、危地马拉、印度尼西亚、伊朗、以色列、意大利、哈萨克斯坦、老挝、摩洛哥、缅甸、新喀里多尼亚、巴基斯坦、巴布亚新几内亚、葡萄牙、韩国、沙特阿拉伯、塞尔维亚、斯洛文尼亚、南非、西班牙、瑞典、土耳其、乌克兰、阿联酋、赞比亚、津巴布韦; (2) 阿尔尼亚、科特迪瓦、克罗地亚、塞浦路斯、多米尼加、冰岛、印度、拉脱维亚、立陶宛、马耳他、尼泊尔、荷兰、北马其顿、新加坡、斯洛伐克、瑞士、委内瑞拉; (3) 白俄罗斯、芬兰、法国、挪威、罗马尼亚、俄罗斯; (4) 其他地区、中国香港、日本、马达加斯加、马来西亚、中国台湾、菲律宾、波兰、泰国、越南; (5) 奥地利、比利时、保加利亚、加拿大、智利、库拉索岛、捷克、爱沙尼亚、德国、希腊、匈牙利、爱尔兰、卢森堡、墨西哥、其他欧洲地区、秘鲁、英国、坦桑尼亚、美国

如表 4.1 所示，2010 年、2013 年、2016 年和 2019 年全球镍矿产品贸易网络通过 BGLL 算法进行社区划分，在分辨率为 1 的情况下，分别划分出 5 个、4 个、6 个和 5 个社区，从社区划分数量来看全球镍矿产品贸易网络的社区结构较为稳定。可以看出，2010 年美国、中国、东南亚国家（地区）、日本、印度、阿根廷、智利以及欧洲部分国家（地区）组成了最大的镍矿产品贸易社区，其次是巴西、芬兰等欧洲国家（地区）组成了小社区，安哥拉、纳米比亚、津巴布韦等非洲国家（地区）形成了非洲社区。与 2010 年相比，2013 年美国、阿根廷、印度以及一些欧洲国家（地区）、东南亚国家（地区）脱离了原本的社区，形成了新的社区，而澳大利亚加入了中国社区，中日澳一线的国家（地区）、哥伦比亚以及智利形成更新的社区，非洲国家（地区）社区较为稳定没有大的变化。巴西取代了澳大利亚与加拿大形成了社区。到 2016 年，全球镍矿产品贸易网络中社区的数量虽有所上升，但 2 号和 3 号社区较小，整个网络中出现一个超大型社区，其中包括美国、巴西、中国、东南亚国家（地区）、澳大利亚、日本、印度以及欧洲一些国家（地区），这些国家（地区）的贸易总量占据了世界主要份额。主要镍矿资源出口国阿根廷与意大利等欧洲国家（地区）、伊朗等国家（地区）形成了新的社区，非洲等国家（地区）所形成的欧洲社区仍较为稳定。2019 年，全球镍矿产品贸易网络形成的社区结构更加具有地域特征和政治特征，加拿大、美国、阿根廷等美洲国家（地区）以及日本、菲律宾形成社区结构，而中亚国家（地区）、中国、巴西、澳大利亚甚至一些非洲国家（地区）、欧洲国家（地区）形成了新的社区结构。从 2010 年到 2019 年，全球镍矿产品贸易网络社区结构的演化呈现较大的变化，在社区演化过程中，全球贸易社区呈现明显的地理聚集以及政治聚集趋势。中国作为世界上最大的镍矿产品进口国，其在社区结构中的稳定性较高，印度尼西亚作为中国最大的镍矿产品进口来源，与中国一直保持在同一社区内，中国与印度尼西亚的贸易关系较为稳定。日本与韩国同样作为世界主要的镍矿产品进口国，其社区划分也有所不同，日本和韩国在地理位置上与印度尼西亚和菲律宾较近，因此印度尼西亚和菲律宾也是这两国的主要进口来源,韩国自2013年以来与中国保持在同一社区内,而日本在2019年脱离了中国社区,与菲律宾等东南亚国家(地区)形成了社区结构,可以看出日本一直在寻求更加稳定的镍矿产品进口结构。全球镍矿产品的贸易逐渐呈现集中化和社区化,贸易格局逐渐稳定。

综上来看,全球镍矿产品的贸易结构已较为成熟,其贸易社区结构呈现逐渐融合的趋势,并且各大社区结构呈现明显的地域特征,因为镍矿产品开采和出口的集中性,各个社区的形成都是依靠一个到两个核心网络节点,其他较小的进口国家(地区)围绕核心节点形成各个社区结构。从各个时间切片的网络社区划分结果可以看出,一些结构上远离主要镍矿资源出产国,并且进出口规模较小的国家(地区)相对进口规模较大的国家(地区)会有更小的社区稳定度,倾向于游离在多个大的社区结构中。

2019年度,中国最大的两个镍矿资源进口来源国是印度尼西亚和菲律宾,而在2010—2019年构建的4个年度的全球贸易网络社区划分结果中,中国与印度尼西亚长期保持处于同一个社区内,结合中国在印度尼西亚镍资源出口中所占的巨大份额来看,中国与印度尼西亚之间镍矿资源的贸易紧密度极高,对于中国镍矿资源的进口安全有着积极的意义。而反观另一主要镍矿资源来源国菲律宾与中国的镍矿资源贸易紧密度在2019年出现了明显下降,2010年、2013年和2016年菲律宾与中国一直处于同一社区内,连接较为紧密,而2019年菲律宾与日本、马达加斯加、马来西亚、中国台湾、菲律宾、波兰、泰国、越南等国家(地区)形成了新的社区,加强了与这些国家(地区)的镍矿资源贸易紧密度,因此菲律宾作为中国第二大镍矿资源进口来源国存在较大的供给不确定性和风险。

2. 中国镍矿资源主要进口产品贸易网络社区分析

根据六种产品在我国贸易进口中的规模差异性,通过分产品的贸易网络社区划分研究能够对全球镍矿资源贸易网络社区结构进行更加具体的分析。

根据 3.2.2 节的镍矿产品全球贸易网络格局分析，中国镍矿资源的主要进口来源国为印度尼西亚和菲律宾。在六种镍矿资源上游产品的进口中，中国对镍矿资源的进口产品主要为镍矿砂及其精矿（HS：2604）、镍锍及镍冶炼其他中间产品（HS：7501）以及镍铁（HS：720260），其中镍矿砂及其精矿（HS：2604）和镍铁（HS：720260）主要来自菲律宾和印度尼西亚，镍锍及镍冶炼其他中间产品（HS：7501）的进口来源较为分散。因此选择镍矿砂及其精矿（HS：2604）、镍锍及镍冶炼其他中间产品（HS：7501）以及镍铁（HS：720260）三种产品 2010 年、2013 年、2016 年和 2019 年各主要贸易参与国所形成的贸易网络进行社区划分，分产品对贸易网络中的社区结构进行进一步演化分析。

图 4.2 到图 4.4 分别为镍矿砂及其精矿（HS：2604）、镍铁（HS：720260）和镍锍及镍冶炼其他中间产品（HS：7501）2010 年、2013 年、2016 年和 2019 年主要贸易参与国（地区）形成的全球贸易网络，节点国家（地区）筛选原则为全年总进口额高于 50 万美元。各图中，节点国家（地区）字体越大代表进口额越多，节点的颜色代表不同的社区划分，连边的粗细代表贸易流金额的大小。

如图 4.2 所示，中国在全球镍矿砂及其精矿的进口占据了世界主要份额，其来源主要为菲律宾和印度尼西亚。在镍矿砂及其精矿的贸易网络中，在算法分辨率均设定为 1 的情况下四个年度的贸易网络分别划分出 4 个、4 个、5 个、4 个社区，社区数量较为稳定（见表 4.2）。中国与其最大的两个镍矿砂及其精矿进口来源国菲律宾和印度尼西亚长期处于同一社区内。在 2016 年，印度尼西亚执行了镍矿砂及其精矿出口禁令，导致印度尼西亚完全停止了镍原矿石的出口，中国为满足在自身大量的镍矿砂及其精矿需求，不得不加大了自菲律宾等其他镍矿资源出产国的进口规模，因此相比 2013 年，2016 年的社区划分结果出现了较大的变化，全球主要的镍矿石出产国澳大利亚、尼日利亚等国加入了中国所在的社区。

(a)2010年　　　　　　　　　　　(b)2013年

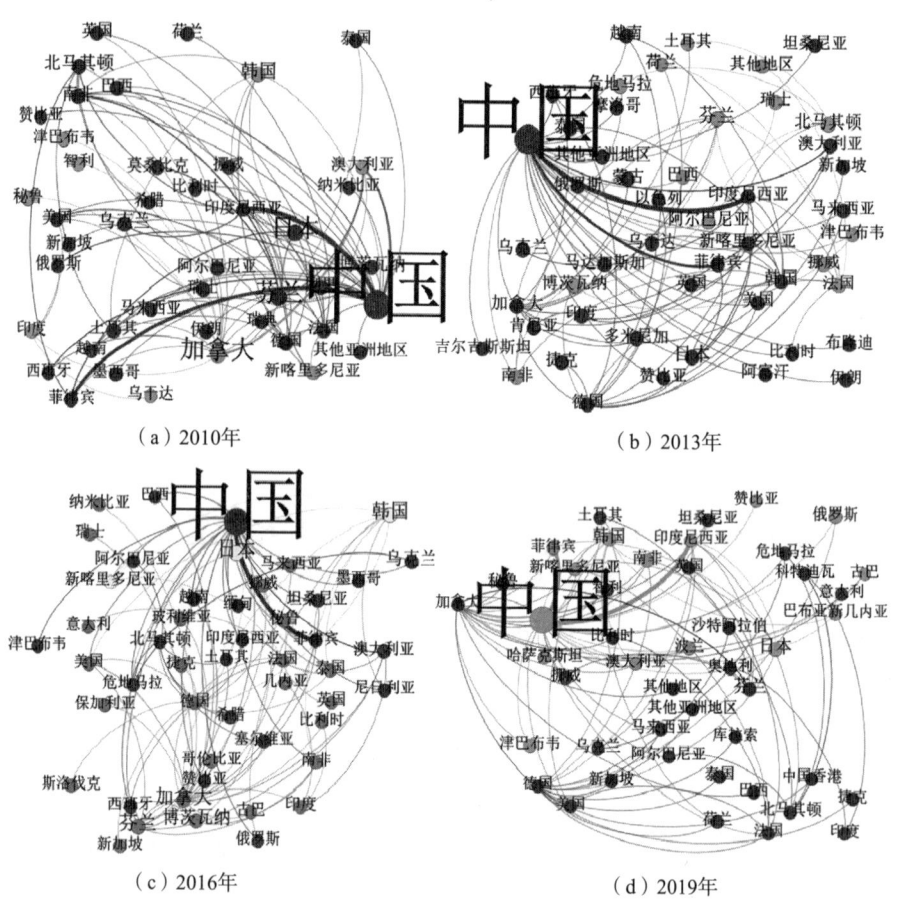

(c)2016年　　　　　　　　　　　(d)2019年

图 4.2　2010 年、2013 年、2016 年和 2019 年全球镍矿砂
及其精矿贸易网络及社区划分

表 4.2　　　　　2010 年、2013 年、2016 年和 2019 年全球镍矿砂
及其精矿贸易网络社区划分结果

年份	划分结果
2010	（1）印度尼西亚、乌克兰、瑞士、德国、日本、马来西亚、越南、瑞典、美国、巴西、菲律宾、土耳其、俄罗斯、阿尔巴尼亚、北马其顿、希腊、西班牙、泰国、赞比亚、中国、墨西哥、其他亚洲地区、纳米比亚、新加坡、伊朗、比利时、刚果； （2）澳大利亚、加拿大、印度、乌干达、秘鲁、津巴布韦、智利； （3）新喀里多尼亚、韩国； （4）南非、博茨瓦纳、英国、芬兰、法国、莫桑比克、挪威、荷兰

续表

年份	划分结果
2013	(1) 中国、赞比亚、越南、印度尼西亚、伊朗、西班牙、乌克兰、坦桑尼亚、其他亚洲地区、摩洛哥、美国、吉尔吉斯斯坦、菲律宾、俄罗斯、布隆迪、比利时、阿富汗； (2) 危地马拉、土耳其、北马其顿、阿尔巴尼亚； (3) 瑞士、其他地区、挪威、南非、津巴布韦、荷兰、芬兰、法国、博茨瓦纳、巴西； (4) 英国、印度、以色列、新喀里多尼亚、新加坡、乌干达、泰国、日本、蒙古国、马来西亚、马达加斯加、肯尼亚、捷克、加拿大、韩国、多米尼加、德国、澳大利亚
2016	(1) 希腊、乌克兰、危地马拉、土耳其、塞尔维亚、北马其顿、阿尔巴尼亚； (2) 英国、意大利、新加坡、泰国、斯洛伐克、瑞士、挪威、南非、纳米比亚、秘鲁、美国、马来西亚、捷克、加拿大、古巴、哥伦比亚、芬兰、法国、德国、博茨瓦纳、玻利维亚、保加利亚； (3) 新喀里多尼亚、日本、韩国； (4) 印度、几内亚、比利时； (5) 中国、赞比亚、越南、印度尼西亚、西班牙、坦桑尼亚、尼日利亚、墨西哥、缅甸、津巴布韦、菲律宾、俄罗斯、巴西、澳大利亚
2019	(1) 捷克、德国、法国、中国香港、沙特阿拉伯、新加坡、泰国、美国、马来西亚、其他亚洲地区、荷兰、库拉索、加拿大、比利时、巴西、智利、英国、坦桑尼亚、其他地区、意大利、秘鲁、芬兰、挪威； (2) 日本、韩国、新喀里多尼亚、巴布亚新几内亚； (3) 印度尼西亚、南非、俄罗斯、菲律宾、澳大利亚、中国、津巴布韦、古巴、赞比亚、波兰、哈萨克斯坦； (4) 土耳其、奥地利、印度、科特迪瓦、阿尔巴尼亚、北马其顿、危地马拉、乌克兰

而到 2019 年，印度尼西亚再次放开了镍矿砂及其精矿的出口禁令，中国从印度尼西亚进口镍矿砂及其精矿的规模超过了禁令之前，印度尼西亚、菲律宾、澳大利亚、俄罗斯等镍矿资源丰富的出产国与中国同时处于同一社区内，相互之间贸易紧密度较高。从社区划分来看，中国在镍矿砂及其精矿的全球贸易中占据了绝对的进口份额，与世界主要的镍矿资源出口国保持了较为稳定和紧密的贸易联系。

如图 4.3 和表 4.3 所示，全球镍铁的主要进口国家（地区）自 2013 年之后明显减少，在图 4.3（a）和图 4.3（b）中，德国、意大利、韩国、其他亚洲地区等与中国一样均为镍铁进口主要国家（地区），并且分别处于多个不同社区结构中，其中，中国和意大利作为主要进口国，与俄罗斯、巴西、加拿大等主要出口国处于同一社区，而德国与乌克兰、委内瑞拉、印度尼西亚等主要出口国处于同一社区内。到 2013 年，德国、意大利、韩国、其他亚洲地区的镍铁进口份额明显萎缩，中国镍铁的进口占世界份额进一步增加，成为全球最大的镍铁进口国，此时的社区结构划分中，与中国处于同一社区内的主要镍铁出口国为南非、巴西、哥伦比亚、多米尼加、加拿大、菲律宾等国，印度尼西亚与日本、韩国、印度等其他主要镍铁进口国处于同一社区。而到 2016 年，中国成为全球独一无二的超大规模镍铁进口国，进口规模远超第二、第三大进口国家（地区），此时全球镍铁贸易网络中形成了两大两小 4 个社区结构，中国、塞尔维亚、危地马拉、印度尼西亚等 7 个国家（地区）形成了小社区结构，菲律宾及其他多个镍铁出口大国脱离了中国所在的社区。到 2019 年，中国进一步提升了自己在全球镍铁进口贸易中所占的份额，印度、比利时、意大利、其他亚洲地区等镍铁进口国（地区）所占份额进一步缩小，此时全球镍铁贸易网络中仅存一大三小四个社区结构，多米尼加共和国、中国、哥伦比亚、印度尼西亚等 7 个国家（地区）处于其中一个小社区，而以俄罗斯、新喀里多尼亚、乌克兰等镍铁出产国为核心，囊括欧洲、美洲和亚洲部分国家（地区）形成了一个超大型社区结构。印度尼西亚作为世界上最大的镍铁出口国，长期与中国等多个国家（地区）处于同一社区内，中国与印度尼西亚在镍铁贸易中关系紧密，但与全球第二大出口国新喀里多尼亚之间则欠缺紧密度，反观日本和韩国则与其有着紧密的贸易联系，三国长期处于同一小社区内。

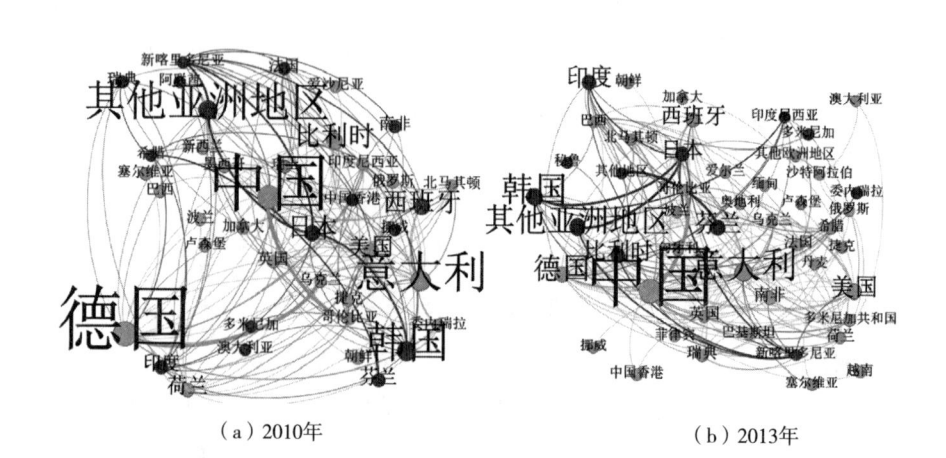

（a）2010年　　　　　　　　　　（b）2013年

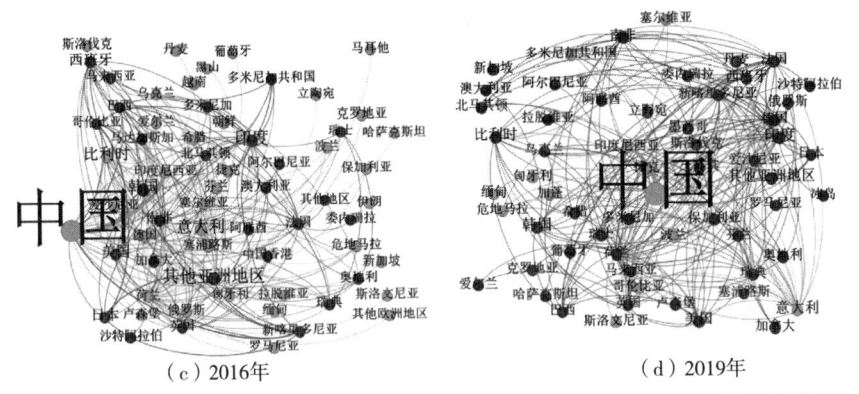

第 4 章 | 战略性矿产资源贸易网络社区演化分析及节点进口竞争力评价

（c）2016 年　　　　　　　　　　　（d）2019 年

图 4.3　2010 年、2013 年、2016 年和 2019 年全球镍铁贸易网络及社区划分

表 4.3　2010 年、2013 年、2016 年和 2019 年全球镍铁贸易网络社区划分结果

年份	划分结果
2010	（1）新喀里多尼亚、西班牙、法国、其他亚洲地区、日本、韩国、南非、澳大利亚、多米尼加、阿联酋、印度、挪威、中国香港； （2）委内瑞拉、德国、英国、爱沙尼亚、印度尼西亚、乌克兰、比利时、捷克、波兰、卢森堡、新西兰； （3）北马其顿、美国、哥伦比亚、意大利、荷兰、俄罗斯、加拿大、墨西哥、中国、巴西、塞尔维亚、瑞士、朝鲜； （4）希腊、瑞典、芬兰
2013	（1）日本、新喀里多尼亚、韩国、印度尼西亚、其他亚洲地区、比利时、委内瑞拉、印度、多米尼加、秘鲁； （2）南非、巴西、哥伦比亚、多米尼加共和国、法国、瑞典、美国、挪威、加拿大、中国、中国香港、卢森堡、巴基斯坦、菲律宾、越南、朝鲜、缅甸； （3）西班牙、北马其顿、英国、德国、希腊、匈牙利、荷兰、俄罗斯、爱尔兰、乌克兰、澳大利亚、意大利、波兰、沙特阿拉伯、塞尔维亚、捷克、丹麦、奥地利、其他欧洲地区； （4）芬兰、其他地区
2016	（1）澳大利亚、沙特阿拉伯、马达加斯加； （2）乌克兰、德国、希腊、荷兰、俄罗斯、比利时、罗马尼亚、斯洛伐克、斯洛文尼亚、立陶宛、卢森堡、马耳他、其他欧洲地区、波兰、葡萄牙、匈牙利、爱尔兰、意大利、拉脱维亚、爱沙尼亚、芬兰、保加利亚、克罗地亚、塞浦路斯、捷克、丹麦、新加坡、哈萨克斯坦、伊朗、黑山； （3）塞尔维亚、中国、危地马拉、印度尼西亚、越南、朝鲜、缅甸； （4）西班牙、南非、瑞士、北马其顿、英国、多米尼加共和国、法国、新喀里多尼亚、巴西、哥伦比亚、瑞典、加拿大、中国香港、韩国、印度、美国、日本、其他亚洲地区、马来西亚、奥地利、多米尼加、阿联酋、阿尔巴尼亚、委内瑞拉、其他地区
2019	（1）比利时、西班牙、巴西、法国、德国、北马其顿、希腊、荷兰、新喀里多尼亚、葡萄牙、南非、瑞士、瑞典、芬兰、英国、乌克兰、爱尔兰、美国、俄罗斯、韩国、日本、其他亚洲地区、阿尔巴尼亚、奥地利、保加利亚、斯洛伐克、委内瑞拉、卢森堡、马来西亚、罗马尼亚、拉脱维亚、立陶宛、爱沙尼亚、克罗地亚、塞浦路斯、丹麦、多米尼加、加拿大、墨西哥、印度、哈萨克斯坦、新加坡、阿联酋、土耳其、冰岛； （2）多米尼加共和国、中国、哥伦比亚、印度尼西亚、匈牙利、捷克、缅甸； （3）危地马拉、塞尔维亚、斯洛文尼亚、波兰、意大利、加蓬； （4）澳大利亚、沙特阿拉伯

图 4.4 和表 4.4 展示了 2010 年、2013 年、2016 年和 2019 年全球镍锍及镍冶炼其他中间产品（HS：7501）的贸易网络及社区划分结果。由图可知，挪威、日本和中国从 2010—2019 年均是全球最大的三个镍锍及镍冶炼其他中间产品进口国，2010—2013 年中国的进口规模明显低于挪威和日本，而到 2016 年，中国和日本的进口规模明显提升，日本超过挪威成为第一大进口国，而到 2019 年，中国进口规模虽然仍处全球第三位，但规模仍有增加，芬兰在 2019 年成为第四大进口国。

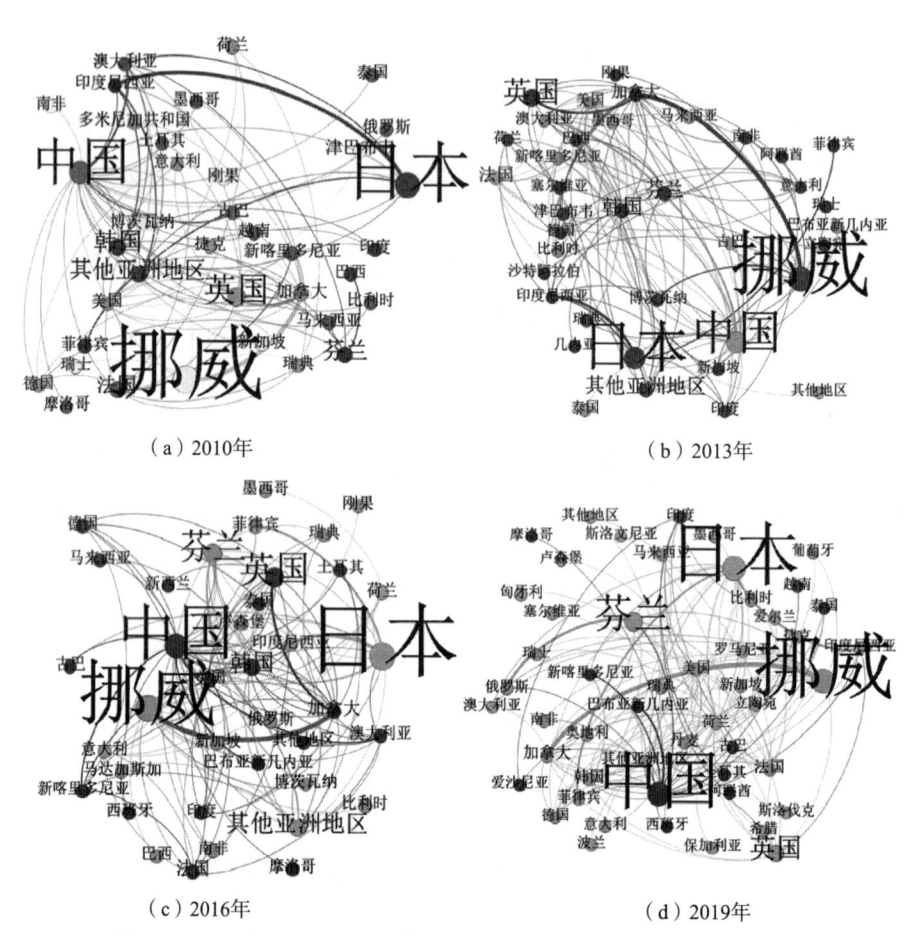

(a) 2010年

(b) 2013年

(c) 2016年

(d) 2019年

图 4.4 2010 年、2013 年、2016 年和 2019 年全球镍锍及镍冶炼其他中间产品贸易网络及社区划分

表 4.4 2010 年、2013 年、2016 年和 2019 年全球镍锍及镍冶炼其他中间产品贸易网络社区划分结果

年份	划分结果
2010	(1) 韩国、印度尼西亚、日本、其他亚洲地区、菲律宾、印度； (2) 中国、澳大利亚、墨西哥、土耳其、比利时、古巴、马来西亚、摩洛哥、俄罗斯、越南、泰国； (3) 瑞典、荷兰； (4) 博茨瓦纳、津巴布韦、挪威、南非、瑞士、刚果、新加坡； (5) 加拿大、美国、英国、捷克、意大利、德国、多米尼加共和国； (6) 法国、新喀里多尼亚； (7) 芬兰、巴西
2013	(1) 印度尼西亚、韩国、日本、几内亚、意大利、其他亚洲地区、菲律宾、瑞士、印度、阿联酋； (2) 新喀里多尼亚、法国、其他地区； (3) 美国、澳大利亚、中国、墨西哥、马来西亚、比利时、古巴、巴布亚新几内亚、泰国； (4) 新加坡、加拿大、博茨瓦纳、津巴布韦、荷兰、瑞典、挪威、英国、塞尔维亚、德国、芬兰、刚果、沙特阿拉伯、南非、立陶宛、巴西
2016	(1) 韩国、新喀里多尼亚、美国、其他地区、澳大利亚、中国、马来西亚、法国、古巴、土耳其、摩洛哥、巴布亚新几内亚、西班牙、泰国； (2) 亚洲其他地区、印度尼西亚、日本、荷兰、意大利、卢森堡、菲律宾、马达加斯加、墨西哥； (3) 瑞典、芬兰、刚果、挪威、新加坡、比利时、博茨瓦纳、巴西、南非、俄罗斯； (4) 加拿大、印度、英国、德国、新西兰
2019	(1) 中国、新喀里多尼亚、泰国、古巴、西班牙、土耳其、摩洛哥、巴布亚新几内亚、越南； (2) 印度尼西亚、日本、荷兰、英国、塞尔维亚、澳大利亚、菲律宾、奥地利、保加利亚、捷克、波兰、罗马尼亚、斯洛伐克、斯洛文尼亚、立陶宛、卢森堡、墨西哥、希腊、匈牙利、爱尔兰； (3) 加拿大、韩国、芬兰、德国、美国、马来西亚、丹麦、瑞典、挪威、俄罗斯、瑞士、意大利、法国、亚洲其他地区、其他地区、葡萄牙、新加坡、南非、比利时； (4) 爱沙尼亚、印度、阿联酋

2010 年全球镍锍及镍冶炼其他中间产品贸易网络分为了四大三小的 7 个社区，中国所在的社区中有澳大利亚、俄罗斯等多个资源出口国，结构较为均衡，其中三个小社区均仅包含两个国家，可以看出荷兰/瑞典、巴西/芬兰、新喀里多尼亚/法国这三个小社区结构较为单一，均为一个资源出口国和一个主要进口国的配置。2013 年瑞典/荷兰以及芬兰/巴西两个社区一起

合并到了其他社区，而法国/新喀里多尼亚社区仍然保持着稳定，而中国所在的社区结构较为稳定。2016 年的社区划分中，加拿大、印度、英国、德国和新西兰形成了一个较小的社区，法国和新喀里多尼亚同时加入了中国所在的社区内，加强了与其他国家（地区）的贸易联系，不再作为独立的小社区存在。而到 2019 年，中国所在的社区中没有了澳大利亚这个主要出口国，社区内仅存新喀里多尼亚和巴布亚新几内亚两个主要出产国。从 4 个年度的社区划分结果可以看到，虽然中国每年从菲律宾和印度尼西亚进口大量的镍矿资源，但在镍锍和其他镍冶炼中间产物的贸易中，中国与这两个国家之间的贸易联系并不紧密，长期未隶属于同一社区内，事实上中国与加拿大、俄罗斯等最大的镍锍及镍冶炼中间产物出口国之间的贸易紧密度均不足。

4.1.3 全球基础锂产品贸易网络的社区演化分析

1. 全球基础锂产品整体贸易网络社区分析

本节在对全球基础锂产品的贸易网络社区结构的划分中，同样使用第 3 章相同的复杂网络构建方法。网络的节点分别为 2010 年、2013 年、2016 年和 2019 年，HS 编码分别为 282520 和 283691 的基础锂产品贸易国，节点间连边的权重为贸易价值量（美元），数据来源为 UN Comtrade。应用 GNLL 算法对各年贸易复杂网络进行社区划分，在分辨率均为 1 的情况下，历年社区划分结果见表 4.5。

2010 年全球基础锂产品贸易网络形成了三大一小 4 个社区，其中最大的社区主要包括美洲的加拿大、墨西哥、智利、玻利维亚，欧亚大陆的德国、波兰、乌克兰、俄罗斯、中国、印度等，以及澳大利亚。其次是美国、哥伦比亚、巴西、秘鲁、阿根廷和日本等国形成的社区。东南亚国家（地区）中，印度尼西亚、泰国与欧洲国家（地区）中的法国、瑞典以及非洲国家（地区）埃及、阿尔及利亚等形成社区结构。2013 年全球基础锂产品贸易网络形成了 6 个社区结构，其中中国与周边的印度、巴基斯坦、缅甸、日本、印度尼西亚、菲律宾以及南美洲的秘鲁、阿根廷，非洲的南非、摩洛哥等国形成了社区，俄罗斯、美国和澳大利亚等大国脱离了 2010 年的社区，重新形成了俄罗斯及周边国家（地区）社区、美国、巴西、澳大利亚社区。欧洲国家（地区）在原本 2010 年的社区结构基础上更加聚集。2016 年全球基础锂产品的社区结构呈现地理聚集逐渐增强的趋势，相比 2013 年北美洲加拿大和美国以及南美洲的哥伦比亚、沙特阿拉伯、埃及、西班牙等国形成了北美社区，俄罗斯及其周边的乌克兰、哈萨克斯坦，包括埃及和苏丹形成了俄罗斯社区，中国、日本、韩国、伊朗、巴基斯坦和南非等国形成的社区较 2013 年有较大变化，原本的东南亚国家（地区）脱离了该社区，与澳大利亚、阿根廷等形成了新的社区结构。

表 4.5　2010 年、2013 年、2016 年和 2019 年全球基础锂产品国际贸易网络社区划分结果

年份	划分结果
2010	（1）澳大利亚、白俄罗斯、玻利维亚、保加利亚、加拿大、智利、中国、克罗地亚、捷克、德国、印度、立陶宛、墨西哥、摩洛哥、巴基斯坦、菲律宾、波兰、俄罗斯、南非、特殊门类、叙利亚、突尼斯、土耳其、乌克兰； （2）其他地区、阿根廷、巴西、哥伦比亚、爱尔兰、以色列、日本、尼泊尔、新西兰、中国台湾、秘鲁、塞尔维亚、新加坡、美国、越南； （3）阿尔及利亚、奥地利、比利时、中国香港、丹麦、多米尼加共和国、埃及、芬兰、法国、希腊、匈牙利、印度尼西亚、意大利、马来西亚、新喀里多尼亚、韩国、斯洛文尼亚、瑞典、瑞士、泰国； （4）荷兰、挪威、葡萄牙、罗马尼亚、英国
2013	（1）阿根廷、中国、中国香港、加纳、印度、印度尼西亚、以色列、日本、摩洛哥、缅甸、尼泊尔、巴基斯坦、秘鲁、菲律宾、新加坡、新加坡、南非、越南； （2）奥地利、哥伦比亚、中国台湾、沙特阿拉伯、斯洛文尼亚、瑞士、泰国、突尼斯、美国； （3）白俄罗斯、伊朗、哈萨克斯坦、卡塔尔、俄罗斯、乌克兰、阿联酋； （4）澳大利亚、巴西、加拿大、尼日利亚； （5）比利时、智利、立陶宛、马来西亚、墨西哥、波兰、韩国、土耳其； （6）其他地区、保加利亚、科特迪瓦、克罗地亚、捷克、丹麦、芬兰、法国、德国、希腊、匈牙利、冰岛、意大利、荷兰、挪威、葡萄牙、罗马尼亚、塞拉利昂、斯洛伐克、特殊门类、西班牙、瑞典

续表

年份	划分结果
2016	(1) 亚美尼亚、玻利维亚、智利、中国、伊朗、意大利、日本、科威特、摩洛哥、巴基斯坦、韩国、南非、乌拉圭； (2) 加拿大、中国香港、哥伦比亚、埃及、加纳、墨西哥、新西兰、中国台湾、秘鲁、菲律宾、沙特阿拉伯、新加坡、斯洛文尼亚、西班牙、瑞士、泰国、坦桑尼亚、美国； (3) 白俄罗斯、印度、爱尔兰、哈萨克斯坦、马尔代夫、尼泊尔、卡塔尔、乌克兰、阿联酋； (4) 安提瓜和巴布达、奥地利、比利时、保加利亚、克罗地亚、捷克、丹麦、爱沙尼亚、芬兰、法国、德国、希腊、匈牙利、以色列、拉脱维亚、立陶宛、卢森堡、荷兰、挪威、波兰、葡萄牙、斯洛文尼亚、瑞典、叙利亚、英国； (5) 阿根廷、澳大利亚、喀麦隆、格林纳达、印度尼西亚、土耳其
2019	(1) 其他地区、阿根廷、中国、中国香港、加纳、马来西亚、摩洛哥、巴基斯坦、秘鲁、菲律宾、韩国、新加坡、泰国； (2) 智利、哥伦比亚、埃及、日本、墨西哥、中国台湾、土耳其、美国、越南； (3) 奥地利、白俄罗斯、加拿大、克罗地亚、捷克、爱沙尼亚、芬兰、法国、德国、希腊、以色列、哈萨克斯坦、科威特、立陶宛、卢森堡、荷兰、尼日利亚、其他欧洲地区、波兰、葡萄牙、卡塔尔、罗马尼亚、沙特阿拉伯、塞尔维亚、斯洛伐克、斯洛文尼亚、南非、西班牙、瑞士、乌克兰、阿联酋、乌兹别克斯坦、津巴布韦； (4) 澳大利亚、比利时、保加利亚、丹麦、匈牙利、印度、印度尼西亚、爱尔兰、意大利、拉脱维亚、新西兰、挪威、瑞典、英国

2019 年，全球基础锂产品贸易网络缩小为 4 个，俄罗斯社区进一步扩大，将欧洲各国以及北美洲大纳入其中，南非、尼日利亚、沙特阿拉伯等国也同时加入了俄罗斯社区，秘鲁、摩洛哥、菲律宾、马来西亚重新与中国形成社区结构，日本则脱离中国社区加入美国社区。澳大利亚、印度尼西亚和印度形成小社区结构。从 2010 年到 2019 年，全球基础锂产品贸易网络社区结构的演化呈现一定的变化，在社区演化过程中，社区结构均围绕几个主要贸易国家（地区）形成，如中国、美国、俄罗斯、澳大利亚等，明显呈现地域聚集和核心节点聚集的特征。中国作为世界主要的基础锂产品出口国，对周边国家（地区）特别是日本和韩国有着较高吸引作用。

在全球基础锂产品的出口贸易中，智利、阿根廷和中国长期占据了出口份额的前三位，是世界基础锂产品的主要出产国。在锂的氧化物和氢氧化物（HS：282520）和碳酸锂（HS：283691）两种基础锂产品中，中国是碳酸锂的进口大国，也是锂的氧化物和氢氧化物的出口大国。在2010—2019年中的4个年度贸易社区划分结果中可以看出，虽然中国每年从智利和阿根廷进口大量基础锂产品，但中国与智利、阿根廷两国的社区隶属不够稳定，2010年和2016年中国与智利处于同一社区内，2013年和2019年中国与阿根廷处于同一社区内，4个年份的社区划分中没有出现中国、智利和阿根廷同时处于一个社区内的情况，由此角度来看，中国作为基础锂产品的进口大国与这两个锂资源大国之间的贸易紧密度不够稳定，仍有加强的空间。

2. 全球碳酸锂贸易网络社区分析

在锂的氧化物和氢氧化物（HS：282520）和碳酸锂（HS：283691）两种基础锂产品全球贸易中，中国是碳酸锂的进口大国，也是锂的氧化物和氢氧化物的出口大国。中国进口锂的氧化物和氢氧化物规模小于出口规模，因此对全球碳酸锂（HS：283691）产品2010年、2013年、2016年、2019年的贸易网络进行社区划分及演化分析。

图4.5和表4.6为2010年、2013年、2016年、2019年全球碳酸锂产品的贸易网络及社区划分结果，图中相同颜色的节点国家（地区）为同一社区，节点越大代表国家（地区）进口额（美元）越高，图中连边的粗细代表了贸易流的规模大小，绘制过程中将年进口金额低于100万美元的国家（地区）略去。

如图4.5所示，全球碳酸锂主要进口国家主要为中国、日本、韩国、德国和美国，2010年中国碳酸锂进口规模仅处于世界第五位，排在日本、德国、美国和韩国之后，而到2013年，中国和韩国一跃成为世界上最大的碳酸锂进口国，日本份额下跌严重。2016年中日韩三国对碳酸锂的进口占据了世界主要份额，其次为美国和比利时，而2019年的结果显示韩国对碳酸锂的需求不断上升，超越中国成为世界上最大的碳酸锂进口国。

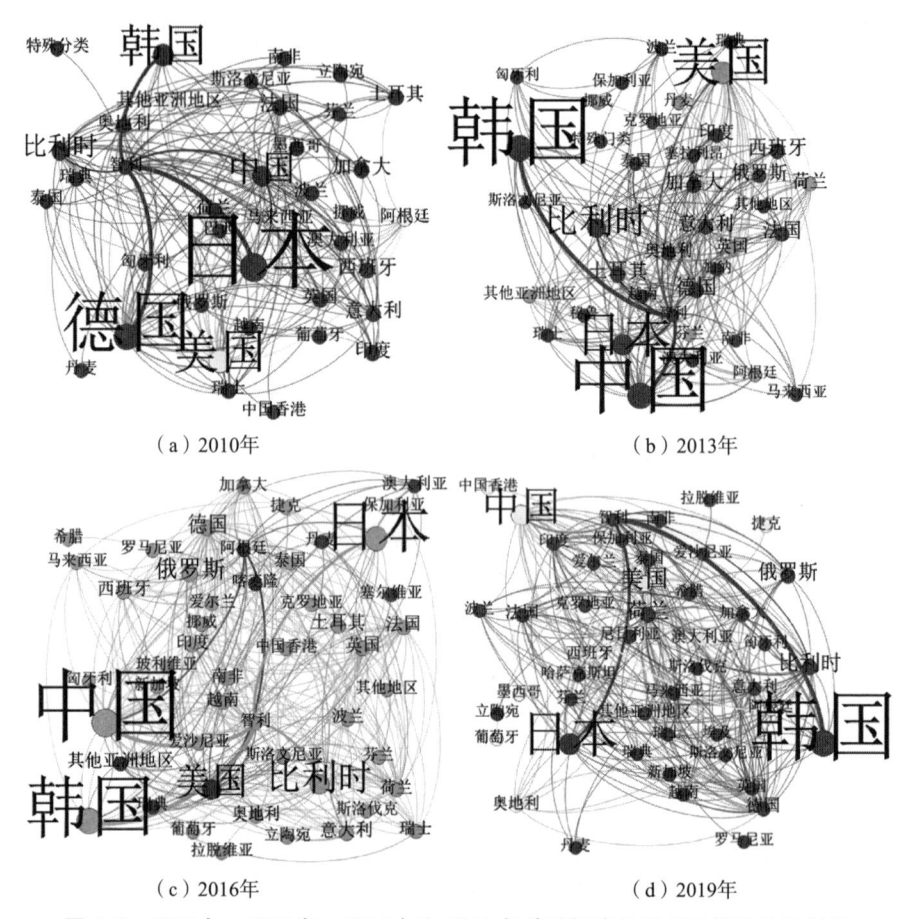

战略性矿产资源全球贸易网络格局演化及韧性评估

(a) 2010年

(b) 2013年

(c) 2016年

(d) 2019年

图 4.5　2010 年、2013 年、2016 年和 2019 年碳酸锂产品贸易网络及社区划分

表 4.6　2010 年、2013 年、2016 年和 2019 年碳酸锂产品贸易网络社区划分结果

年份	划分结果
2010	(1) 荷兰、英国、挪威； (2) 美国、阿根廷、其他亚洲地区、马来西亚； (3) 比利时、瑞典、丹麦、德国、瑞士、意大利、斯洛文尼亚、中国、法国、泰国、智利、日本、土耳其、奥地利、澳大利亚、越南、加拿大、中国香港、韩国、波兰、立陶宛、俄罗斯、南非、西班牙、墨西哥、葡萄牙、印度、巴西、芬兰、特殊分类、匈牙利
2013	(1) 中国、瑞典、德国、比利时、斯洛文尼亚、瑞士、智利、法国、日本、泰国、印度、奥地利、土耳其、越南、意大利、韩国、马来西亚、波兰、匈牙利、俄罗斯、加纳、南非、西班牙、克罗地亚、其他地区、塞拉利昂、特殊门类、保加利亚、秘鲁；

— 96 —

续表

年份	划分结果
2013	(2) 英国、荷兰、挪威、丹麦、芬兰; (3) 美国、阿根廷、其他亚洲地区; (4) 加拿大、澳大利亚
2016	(1) 瑞典、塞尔维亚、丹麦; (2) 法国、德国、英国、比利时、中国、意大利、西班牙、智利、泰国、中国香港、日本、韩国、印度、土耳其、荷兰、挪威、越南、马来西亚、南非、波兰、罗马尼亚、捷克、俄罗斯、葡萄牙、奥地利、斯洛伐克、希腊、匈牙利、爱尔兰、拉脱维亚、立陶宛、克罗地亚、爱沙尼亚、保加利亚、芬兰、其他地区、新加坡、玻利维亚; (3) 瑞士、加拿大、斯洛文尼亚; (4) 美国、阿根廷、澳大利亚、其他亚洲地区、喀麦隆
2019	(1) 比利时、瑞典、加拿大、丹麦、芬兰、法国、德国、荷兰、英国、智利、泰国、日本、波兰、越南、其他亚洲地区、俄罗斯、韩国、哈萨克斯坦、南非、马来西亚、保加利亚、立陶宛、罗马尼亚、斯洛伐克、希腊、拉脱维亚、克罗地亚、爱沙尼亚、匈牙利、埃及、尼日利亚; (2) 美国、阿根廷、中国、澳大利亚、葡萄牙、西班牙、捷克、中国香港、奥地利、墨西哥; (3) 瑞士、意大利、斯洛文尼亚、印度、爱尔兰、新加坡

从 4 个年度的社区划分来看,全球碳酸锂贸易网络中的社区结构数量较为稳定,均呈现为一个大社区加两三个小型社区的结构,超大社区主要围绕核心出口国智利形成,而另一主要出口国阿根廷则倾向于与美国、其他亚洲地区形成社区。2010—2013 年中国在全球碳酸锂的进口规模占比从低转高,与韩国在 2013 年成为世界主要进口国,中韩两国在 2013 年同处于智利大社区中,碳酸锂的进口严重依赖智利。

而到 2016 年,以智利为核心节点的智利大社区不断吸引众多碳酸锂进口国(地区),社区规模有所增加,但主要节点的组成没有较大变化,另一碳酸锂主要出口国阿根廷保持与美国、其他亚洲地区等组成小社区。

2019 年,中国碳酸锂进口占比大幅萎缩,低于韩国和日本位列世界第三,同时中国也脱离了智利大社区而进入了以阿根廷为核心节点的阿根廷社区,此时中国碳酸锂的进口结构也发生了较大转变,不同于往年严重依赖智利的特点，进口结构明显更为均衡，但结合规模占比的萎缩来看，中国在2019年与智利在碳酸锂的贸易中出现了紧密度降低的趋势。

4.2 供给短缺情景下战略性矿产资源贸易网络节点进口竞争力评价

随着战略性矿产资源全球争夺愈演愈烈，对资源进口的掌控能力成为各国保障本国战略性矿产资源安全的重点难点。在突发风险造成的战略性矿产资源供给短缺的情景下，初始供给稳态的失衡对各进口依赖型国家（地区）造成了巨大的资源安全压力，各国在此背景下因进口竞争能力的差异性，其在战略性矿产资源的竞争中会遭受不同规模的损失。因此在供给短缺的宏观情景下，国家（地区）资源进口竞争力对于风险的传导具有至关重要的影响。全球战略性矿产资源的贸易在多种非贸易因素的集中影响下形成了大大小小的社区组织，社区内节点国家（地区）之间的贸易联系明显高于社区间国家（地区），因此当有些矿产资源进口国家（地区）与主要出口国处于同一社区时，其对该出口国资源的竞争能力在一定角度上看高于处于社区外的国家（地区），但单纯依靠是否处于同一社区来评价进口国家（地区）在某一出口国的资源竞争能力相对片面。

4.2.1 节点进口竞争力指数测算方法

节点的资源进口竞争能力是相对于不同的进口来源和竞争对象群体而言的。节点的竞争对象群体是特定进口来源的其他出口对象，因此相同节点在面对不同的进口来源时一般具有不同的竞争能力。在突发风险发生之前，各节点国家（地区）的资源进口结构和规模被认为是基准竞争稳态，当突发风险造成出口国家（地区）出口规模的锐减之后，基准竞争稳态的各节点从该出口国家（地区）的进口规模和其自身的异质性对其进口竞争力有着重要影响，因此从以下五个维度出发，对节点相对不同的进口来源时，在相应竞争对象群体中的战略性矿产资源进口竞争能力（trade competitive indice, TCI）进行评价。

1. 进口国的主导地位指数

进口国的主导地位指的是在一个出口国的贸易伙伴中，某一个进口国的进口数量与前 n 大进口国的平均贸易额的比值。通常，一个重要的资源出口国与几个主要进口国和许多小量进口国分享其出口份额。在该出口国的出口结构中，进口节点所占进口比重对该节点的进口竞争能力具有较大相关性，此处采用进口国的主导地位指数来衡量这种影响：

$$C_{Si} = \frac{x_i}{\frac{CR_S^n}{n}} \tag{4.3}$$

其中，C_{Si} 为国家（地区）i 在出口国 S 的贸易伙伴中的贸易竞争能力，x_i 为国家（地区）i 从出口国 S 的进口数量，$\frac{CR_S^n}{n}$ 为出口国 S 前 n 大贸易伙伴的平均进口数量。

2. 贸易中转能力指数

本书定义贸易中转能力 AI_i 为节点国家（地区）i 在贸易网络中的节点介数中心性计算结果。贸易中转能力指数越高，代表国家（地区）i 在全球贸易网络拓扑结构中具有更高的贸易紧密度，对于网络拓扑结构的保持有着更高的重要性，因此将其作为节点进口竞争力的主要维度之一。

$$c_B(v) = \sum_{s,t \in V} \frac{\delta(s,t|v)}{\delta(s,t)} \tag{4.4}$$

其中，v 为节点的集合，$\delta(s,t)$ 为所有节点对之间最短路径的条数，$\delta(s,t|v)$ 为所有经过节点 v 的最短路径的条数。

3. 进口集中度指数

HHI 原本是用来计算产业集中度的指数，用来测算市场中某主体占总行业比值的平方和。后来该指数被学者们广泛应用于进口结构集中度的评价中，通过计算某一进口国 i 的所有进口来源的 HHI 评估该国的进口结构的均衡性，即进口集中度。对于战略性矿产资源的进口安全，较低的进口集中度无疑能够让进口国获取更高的风险抵御能力，通过多样化的进口来源平衡某一来源中断所带来的进口损失。一般来说，HHI 落在 $1/N$ 到 1 之间，N 为进口来源的总数量，当各进口来源所占比例越平均，HHI 越接近 $1/N$，反之则越接近 1。该指标被广泛用于分析一国矿产资源的市场地位、依赖性和安全性。

$$HHI_i = \sum_{n=1}^{N}\left(\frac{x_{ni}}{IM_i}\right)^2 \tag{4.5}$$

其中，IM_i 为国家（地区）i 的总进口数量，x_{ni} 为国家（地区）i 从国家（地区）n 的进口数量，N 为国家（地区）i 进口来源的总数量。

4. 需求价格弹性系数

弹性理论是 1923 年马歇尔（Marshall）提出用来分析国家对外贸易规律的理论方法，在经济学研究中被广泛应用。在战略性矿产资源全球争夺的背景下，其价格势必呈现长期上涨趋势，进口国家（地区）对战略性矿产资源进口价格的敏感度不仅反映了需求的刚性程度，也反映了该国相关产业是否具有优势竞争力。优势的产业竞争力令进口国家（地区）通过转嫁额外成本获得持续发展，而价格敏感度较高的国家（地区）则相应缺乏战略性矿产资源竞争能力和竞争意愿。基于以上理论分析，利用节点国家（地区）对某种矿产品的需求价格弹性系数来计算突发风险造成的供应短缺情形下，各节点国家（地区）的分流比例。

关于需求价格弹性系数的计算，本书采用双对数线性回归模型进行分

析，其基本模型为

$$\ln Y_i = \ln A + \beta_2 \ln X_i \tag{4.6}$$

其中，Y_i 为某国某种矿产品的进口量；X_i 为进口价格；β_2 为某国某种矿产品的进口价格弹性。考虑到经济增长的因素引入该国国内生产总值（GDP）作为控制变量，以完善模型，同时为了尽可能地减少经济增长、通货膨胀等因素对价格的影响，用商品进口价格除以对应国家（地区）居民消费价格指数（CPI）来进行修正。

改进之后的模型为

$$\ln Y_i = \ln A + \beta_2 \ln(X_i/\mathrm{CPI}) + \beta_3 \ln \mathrm{GDP} \tag{4.7}$$

其中，β_2 即节点对于某产品的需求价格弹性系数。

5. 社区内重要度

社区内重要度指的是在战略性矿产资源贸易网络格局中，许多贸易联系较为紧密的节点会形成社区结构，社区内节点之间的联系相对社区外节点明显更加密集，节点之间贸易关系更加紧密稳定。如图4.6所示，虚线内为一个社区结构，社区内节点之间相对外部节点具有明显更加紧密的贸易联系，在突发风险传导过程中，当在局部网络内的某一个（Risk Source）节点首先受到风险影响（局部风险源节点），在将风险传导至社区内外的节点时，出于原始状态下同一社区内节点紧密的贸易联系，同一社区内的节点在贸易竞争中明显会更加有竞争力。因此本节在此处引入社区内重要度 $ComI_i$ 作为节点国家（地区）i 贸易竞争能力指数的第五维度指标。节点 i 的社区内重要度 $ComI_i$ 的计算公式为

$$ComI_i^{Com(a)} = InCom \cdot IRank_i^{Com(a)} \tag{4.8}$$

其中，$InCom$ 为决策变量，当节点与局部风险源节点为同一社区时取1，不同社区则取0，$IRank_i^{Com(a)}$ 为节点 i 在社区 $Com(a)$ 中的节点重要度系数，各社区的划分通过基准年贸易网络社区划分结果确定。

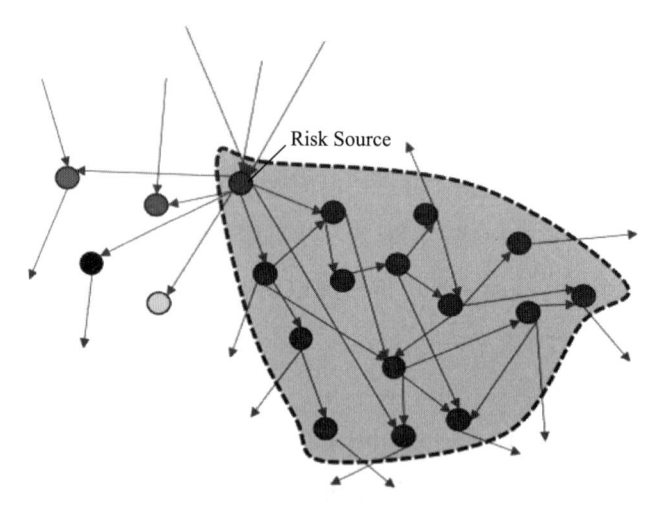

图 4.6　社区内外节点示意图

对于节点重要度系数 $IRank_i^{Com(a)}$ 的计算，本书采用经典的加权 PageRank 算法。最初的 PageRank 算法是 Google 创始人早期提出的链接分析算法，用来作为网页链接重要性的评价。算法的核心思想是每一个网页本身具有一定的重要性，这种重要性与其他网页链入它的情况有直接的关系，可以类似理解为其他网页对该网页的投票情况，同时该网页也存在着链出连接，这些链出连接将自己的重要性向外传递，即对其他网页进行重要性投票。这种相互影响、相互投票的过程是一个递归的过程。PageRank 算法刚开始赋予每个网页相同的重要性得分，通过迭代递归计算来更新每个页面节点的 PageRank 得分，直到得分稳定为止。目前很多重要的链接分析算法都是在 PageRank 算法基础上衍生出来的。网页 x 的 PageRank 值 $PR(x)$ 递归计算方法为

$$PR(x) = \frac{1-\delta}{n} + \delta \sum_{i=1}^{n} \frac{PR(Y_i)}{C_{\text{out}}(Y_i)} \tag{4.9}$$

其中，$PR(x)$ 为网页 x 的 PageRank 值，$PR(Y_i)$ 为指向网页 x 的网页 Y_i 的 PageRank 值，$C_{\text{out}}(Y_i)$ 为网页 Y_i 的指出链接数量，δ 为 PageRank 算法的阻尼系数，表示用户继续点击下一个网页的概率，n 为网页总数。在通过对网

络中所有节点的 PageRank 值进行多次迭代之后，所有网页的 PageRank 值趋于收敛，各网页重要性计算结果逐渐稳定。

本书在此处运用改进的有向加权 PageRank 算法对各社区内节点的重要性进行评价，对各节点之间的连边根据其权重进行赋权，将其作为 PageRank 算法中节点之间转移概率的计算依据，并且在算法收敛后对各社区内节点的最终 PageRank 值进行归一化处理，作为节点社区重要度的最终计算结果。

通过将这五个维度的指数与其他与出口国有竞争关系的国家（地区）进行标准化，以确保它们具有相同的尺度，计算出这些国家（地区）相对于进口来源国的贸易竞争指数为

$$TCI_{ni} = normalized(C_{Si}) + normalized(AI_i) + normalized\left(\frac{1}{HHI_i}\right)$$
$$+ normalized(normalized(h\beta_{2i})x_{ni}) + normalized(ComI_i^{Com(a)})$$
(4.10)

其中，TCI_{ni} 为国家（地区）i 在国家（地区）n 的所有贸易伙伴中的贸易竞争能力指数，h 为价格指数的变化程度，x_{ni} 为国家（地区）i 从国家（地区）n 的进口数量。

4.2.2 全球镍矿产品贸易网络节点进口竞争力指数评价

全球镍储量和产量相对集中，前六大镍产出国印度尼西亚、菲律宾、俄罗斯、新喀里多尼亚、澳大利亚和加拿大的镍矿产量占全球72%以上，中国的镍矿资源供给90%以上依靠进口维持，随着全球能源结构改革的不断加深，镍矿资源的供给形势进一步严峻，因此本节选取镍作为主要研究对象矿种之一，选取如表4.7所示的六种镍矿资源产品。全球镍矿资源进口国家（地区）的进口竞争力指数的评价为第5章提供了数据基础。

表 4.7　　　　　　　　镍矿供应链上游及中游产品

HS 编码	产品名称	含镍量（%）	HS 编码	产品名称	含镍量（%）
2604	镍矿砂及其精矿	5	283324	镍的硫酸盐	21
7501	镍锍及镍冶炼其他中间产品	32	720260	镍铁	30
282540	镍的氧化物和氢氧化物	80	282735	氯化镍	24

在数据仿真过程中，节点的进口竞争力指数是重要的仿真参数，但在不同的传导阶段，相同的节点因竞争对象不同会有不同的贸易竞争能力指数，因此本节仅对主要出口国家（地区）的出口对象进行节点进口竞争力指数的计算，其他进口国家（地区）的进口国主导地位指数、社区内重要性指数会随不同的出口国家（地区）而有所不同，故不再给出详细的进口竞争力指数计算结果，各维度的指数计算结果将在突发风险仿真过程中作为重要参数使用。

1. 进口国的主导地位指数

进口国的主导地位指数相对不同的进口来源来计算，是各进口国从特定出口国的进口规模与该出口国前 N 大出口对象规模平均数的比值。本书在此处设定 $N=3$，六种镍矿产品主要出口国家（地区）的出口对象进口主导地位指数计算结果见表 4.8。

2. 贸易中转能力

贸易中转能力用节点国家（地区）在网络中的介数中心性表示，具体结果见 3.2.2 节。

3. 进口集中度指数

HHI 一般在 $1/N$ 和 1 之间，越接近 1 表示国家（地区）的进口结构越不均衡，因此，表 4.9 中国家（地区）的 HHI 越小，着色越浅，越大则颜色越深。

第 4 章 | 战略性矿产资源贸易网络社区演化分析及节点进口竞争力评价

表 4.8　各产品主要出口国家（地区）的出口对象进口主导地位指数

HS:2604 印度尼西亚		HS:7501 加拿大		HS:282540 中国		HS:282735 日本		HS:283324 法国		比利时		其他亚洲地区	
中国	2.9179	挪威	2.5684	印度	1.3739	韩国	1.6864	荷兰	1.6852	加拿大	1.0914	日本	2.7758
乌克兰	0.0717	英国	0.4034	瑞典	1.0004	中国	0.9755	日本	1.1745	韩国	0.9984	加拿大	0.1314
北马其顿	0.0103	韩国	0.0281	韩国	0.6257	其他亚洲地区	0.3381	意大利	0.1404	日本	0.9102	韩国	0.0928
日本	0.0044	其他亚洲地区	0.0019	印度尼西亚	0.4571	美国	0.1905	德国	0.1059	德国	0.5854	中国	0.0736
德国	0.0006	泰国	0.0006	乌克兰	0.3668	中国香港	0.0729	韩国	0.0996	英国	0.5655	泰国	0.0379
澳大利亚	0.0001	比利时	0.0003	澳大利亚	0.1905	泰国	0.0204	美国	0.0845	意大利	0.5576	芬兰	0.034
芬兰	0	阿联酋	0	日本	0.1537	德国	0.0129	土耳其	0.0819	美国	0.3205	印度	0.032
HS:720260 印度尼西亚		美国	0	美国	0.1501	加拿大	0.0124	其他亚洲地区	0.0637	印度	0.2292	越南	0.0218
中国	2.6126	日本	2.0092	俄罗斯	0.0611	印度尼西亚	0.0105	比利时	0.0585	墨西哥	0.2249	巴西	0.0128
印度	0.2197	英国	0.7108	其他亚洲地区	0.0306	法国	0.0052	西班牙	0.034	芬兰	0.199	菲律宾	0.0063
韩国	0.1677	中国	0.28	德国	0.0302	南非	0.0048	波兰	0.0332	菲律宾	0.189	印度尼西亚	0.0061
				马来西亚	0.0302	意大利	0.0043	中国香港	0.0327	中国	0.1821	马来西亚	0.0057

续表

HS:2604		HS:7501		HS:282540		HS:282540		HS:282735		HS:283324	
印度尼西亚		加拿大		中国		日本		法国		比利时	
其他亚洲地区	0.042	韩国	0.0691	南非	0.0203	巴西	0.0043	俄罗斯	0.0269	马来西亚	0.1363
南非	0.0017	西班牙	0.004	加拿大	0.0172	菲律宾	0.0031	巴西	0.0247	新加坡	0.1269
意大利	0.0009	俄罗斯		法国	0.0165	英国	0.002	印度	0.0188	其他亚洲地区	0.1165
日本	0.0002	芬兰	2.4937	荷兰	0.0142	越南	0.0015	中国	0.0166	土耳其	0.1046
荷兰	0	挪威	0.2713	斯洛文尼亚	0.0073	新加坡	0.0012	瑞士	0.0075	巴西	0.0796
新喀里多尼亚		中国	0.235	菲律宾	0.0032	瑞士	0.0009	加拿大	0.0073	捷克	0.0663
中国	2.497	德国	0.0012	泰国	0.0022	瑞典	0.0008	泰国	0.0062	瑞士	0.0609
日本	0.2723	美国	0	瑞士	0.0009	奥地利	0.0006	印度尼西亚	0.0054	西班牙	0.055
其他亚洲地区	0.2307			新加坡	0.0006	马来西亚	0.0005	斯洛文尼亚	0.0052	爱尔兰	0.0479
西班牙	0.1778			巴西	0.0001	西班牙	0.0003	瑞典	0.0017	泰国	0.0449
比利时	0.1734			比利时	0.0001	斯洛文尼亚	0.0003	挪威	0.0011	法国	0.0427
美国	0.1585			中国	0.0001	印度	0.0001	新加坡	0.0008	波兰	0.029
瑞典	0.1057			波兰	0			英国	0.0008	瑞典	0.0077

续表

HS：2604		HS：7501		HS：282540				HS：282735		HS：283324			
印度尼西亚		加拿大		中国		日本		法国		比利时		其他亚洲地区	
南非	0.0552			荷兰				芬兰	0.0001	荷兰	0.0033		
意大利	0.0134			土耳其	1.035	法国	0.1852	葡萄牙	0.0001	乌克兰	0.003		
韩国	0.0116			西班牙	1.0063	印度尼西亚	0.1833	北马其顿	0.0001	俄罗斯	0.0024		
荷兰	0.0071			美国	0.9587	德国	0.0712	捷克	0	挪威	0.0017		
加拿大	0			其他亚洲地区	0.7304	印度	0.044			越南	0.001		
				比利时	0.5113	英国	0.0081			奥地利	0		
				波兰	0.2548	南非	0.0057			阿联酋	0		
						斯洛文尼亚	0.0057			葡萄牙	0		

表4.9　六种镍矿资源贸易产品主要贸易国家（地区）的 *HHI* 结果

2604		7501		282540		282735		283324		720260	
国家（地区）	HHI	国家（地区）	HHI	国家（地区）	HHI	国家（地区）	HHI	国家（地区）	HHI	国家（地区）	HHI
澳大利亚	0.6243	阿富汗	0.9063	澳大利亚	0.9848	澳大利亚	0.3452	澳大利亚	0.3993	奥地利	1
奥地利	1	澳大利亚	0.9949	奥地利	0.8136	奥地利	0.8627	奥地利	0.9259	比利时	0.2549
比利时	0.3335	奥地利	0.9957	比利时	0.4336	比利时	0.5614	比利时	0.5583	巴西	1
巴西	0.3156	比利时	0.3954	巴西	0.3006	巴西	0.2557	巴西	0.3151	加拿大	0.9993
加拿大	0.9333	加拿大	0.6336	加拿大	0.4793	加拿大	0.3253	加拿大	0.2693	中国	0.4189
中国	0.3349	中国	0.2902	中国	0.832	中国	0.373	中国	0.2701	捷克	1
塞浦路斯	0.8517	捷克	1	中国香港	0.8388	中国香港	0.4972	中国香港	0.7494	法国	0.6198
捷克	0.6061	芬兰	0.998	捷克	0.4259	捷克	0.602	塞浦路斯	1	德国	0.4879
芬兰	0.7657	法国	0.9928	法国	0.259	芬兰	0.5217	捷克	0.2756	印度	0.3371
法国	0.7171	德国	0.944	德国	0.5558	法国	0.3053	芬兰	0.4935	印度尼西亚	0.3459
德国	0.1508	印度	0.4455	印度	0.3508	德国	0.3666	法国	0.2492	意大利	0.3886
印度	0.5013	印度尼西亚	0.9967	印度尼西亚	0.1961	印度	0.5297	德国	0.4499	日本	0.9948
印度尼西亚	0.9987	爱尔兰	1	爱尔兰	1	印度尼西亚	0.3937	印度	0.3229	马来西亚	1
爱尔兰	0.8685	意大利	1	意大利	0.6491	爱尔兰	0.6224	越南	0.2291	荷兰	0.2416
意大利	0.914	日本	0.4351	日本	0.5547	意大利	0.3475	爱尔兰	0.9729	中国台湾	0.4493
日本	0.5223	马来西亚	0.4203	马来西亚	0.8852	日本	0.872	意大利	0.5608	菲律宾	1
马来西亚	0.877	荷兰	0.9763	墨西哥	1	马来西亚	0.5129	日本	0.6165	波兰	0.5027
荷兰	0.3553	挪威	0.7903	荷兰	0.3614	墨西哥	0.4835	马来西亚	0.2555	韩国	0.3876
北马其顿	0.7131	中国台湾	0.54	挪威	0.6396	荷兰	0.9407	墨西哥	0.5532	沙特阿拉伯	0.9779
中国台湾	1	菲律宾	0.6509	中国台湾	0.5866	北马其顿	0.7741	荷兰	0.2805	新加坡	0.6831
菲律宾	0.9673	葡萄牙	1	菲律宾	0.588	挪威	0.4288	北马其顿	0.9495	斯洛文尼亚	1
葡萄牙	1	韩国	0.3848	波兰	0.4937	中国台湾	0.6038	挪威	0.4248	南非	0.2367
韩国	0.9752	新加坡	0.9538	葡萄牙	0.4637	菲律宾	0.248	中国台湾	0.3021	西班牙	0.2874

续表

2604		7501		282540		282735		283324		720260	
国家（地区）	HHI	国家（地区）	HHI	国家（地区）	HHI	国家（地区）	HHI	国家（地区）	HHI	国家（地区）	HHI
俄罗斯	1	斯洛文尼亚	1	韩国	0.9025	波兰	0.3594	菲律宾	0.235	瑞典	0.2448
新加坡	0.3242	南非	1	俄罗斯	0.681	葡萄牙	0.4757	波兰	0.2945	瑞士	0.5023
斯洛文尼亚	1	西班牙	0.9866	沙特阿拉伯	0.4562	韩国	0.3908	葡萄牙	0.6085	泰国	0.5195
南非	0.4662	瑞典	0.9996	新加坡	0.6036	俄罗斯	0.2742	韩国	0.4755	土耳其	1
西班牙	0.4135	瑞士	0.8735	斯洛文尼亚	0.2238	沙特阿拉伯	0.7462	俄罗斯	0.2458	美国	0.3313
瑞士	1	泰国	0.5513	南非	0.3429	新加坡	0.2814	沙特阿拉伯	0.5597	乌克兰	1
泰国	0.5195	土耳其	0.998	西班牙	0.8228	斯洛文尼亚	0.2904	新加坡	0.3035	阿联酋	0.9981
土耳其	0.3972	美国	0.6455	瑞典	0.744	南非	0.3535	斯洛文尼亚	0.6563	英国	0.4045
美国	0.5359	阿联酋	0.5016	瑞士	0.4647	西班牙	0.5687	南非	0.2646	越南	0.656
乌克兰	0.5265	英国	0.4858	泰国	0.387	瑞典	0.435	西班牙	0.4186		
英国	0.28	越南	1	土耳其	0.931	瑞士	0.3192	瑞典	0.4285		
越南	0.4991			美国	0.3178	泰国	0.6661	瑞士	0.3793		
				乌克兰	0.6021	土耳其	0.3199	泰国	0.339		
				英国	0.4326	美国	0.337	土耳其	0.3619		
				越南	0.7382	乌克兰	0.5995	美国	0.8663		
						阿联酋	0.3131	乌克兰	0.3309		
						英国	0.3673	阿联酋	0.2348		
						越南	0.329	英国	0.5303		

4. 需求价格弹性系数

对于镍矿产品全球贸易网络中各节点进口各镍矿产品的需求价格弹性系

数的计算，本书采用双对数线性回归模型，使用评价对象节点［2019年度单种产品进口量500吨以上的国家（地区）］的对应产品2010—2019年进口数据，引入节点国家（地区）的历年GDP和CPI数据作为控制变量，用Eviews 10.0进行双对数线性回归分析，数据来源为联合国商品贸易统计数据库（UN Comtrade）和ESP数据平台，各节点对于六种镍矿产品的需求价格弹性系数计算结果见表4.10。

表4.10 主要国家（地区）对于六种镍矿产品的需求价格弹性系数

2604		283324		720760	
国家（地区）	弹性系数	国家（地区）	弹性系数	国家（地区）	弹性系数
越南	-1.134	澳大利亚	-1.498	奥地利	-2.588
乌克兰	-0.292	比利时	-0.966	比利时	-0.462
韩国	-0.719	巴西	1.272	中国	-1.397
荷兰	1.083	加拿大	-0.080	捷克	-1.264
日本	0.928	中国	-1.718	法国	-0.440
希腊	0.630	捷克	0.428	德国	5.729
德国	-0.865	法国	0.009	印度	-1.036
芬兰	0.327	德国	0.018	印度尼西亚	-1.239
中国	1.095	印度	0.669	意大利	0.208
加拿大	-0.742	印度尼西亚	-0.213	日本	0.179
巴西	-0.809	意大利	0.135	韩国	0.844
比利时	-2.349	日本	-2.290	荷兰	-0.228
7501		韩国	-0.671	其他亚洲地区	-0.485
国家（地区）	弹性系数	马来西亚	-0.087	波兰	-1.628
澳大利亚	-0.677	墨西哥	-1.596	阿联酋	-0.688
加拿大	2.830	荷兰	-1.497	斯洛文尼亚	-3.161
中国	2.463	其他亚洲地区	0.464	西班牙	-0.668
芬兰	6.642	菲律宾	0.089	瑞典	-1.130
法国	-5.044	新加坡	0.877	英国	1.044

续表

2604		283324		720760	
国家（地区）	弹性系数	国家（地区）	弹性系数	国家（地区）	弹性系数
日本	7.943	斯洛文尼亚	−1.178	美国	−1.253
韩国	−4.039	西班牙	−0.469	南非	−1.119
荷兰	5.911	瑞士	−0.025	282540	
挪威	−0.253	泰国	−0.049	国家（地区）	弹性系数
瑞典	−8.015	土耳其	−0.402	中国	−0.899
英国	3.916	英国	−2.888	印度	0.777
282735		美国	0.407	韩国	0.072
国家（地区）	弹性系数	越南	−0.960	荷兰	−0.392
德国	−0.639			亚洲其他地区	−1.741
意大利	−0.208			美国	−0.254
日本	−0.423				
荷兰	−0.458				

5. 社区内节点重要性指数

对于镍矿产品贸易国家（地区）贸易竞争能力的计算中，镍矿产品贸易网络中社区的划分使用第 4 章所提到的 BGLL 算法，采用 2019 年的社区划分为基准，构建基于各个社区内节点的贸易子网络，节点的社区重要性评价结果采用改进有向加权 PageRank 算法，最终获得 2019 年全球镍矿产品贸易网络中四个社区内各个节点重要性评价结果（见表 4.11），以此作为突发风险传导过程中节点贸易竞争能力指数计算的第五个维度数据。

表 4.11　基于有向加权 PageRank 算法的社区内节点重要性评价结果

社区 1		社区 2		社区 3		社区 5	
中国	0.0712	阿尔巴尼亚	0.0264	法国	0.1860	美国	0.0148
印度尼西亚	0.1256	印度	0.3510	挪威	0.3394	比利时	0.0394
新喀里多尼亚	0.1770	北马其顿	0.0512	芬兰	0.0731	英国	0.2163

续表

社区1		社区2		社区3		社区5	
巴布亚新几内亚	0.0295	荷兰	0.2062	俄罗斯	0.2553	奥地利	0.1352
韩国	0.0350	克罗地亚	0.0264	罗马尼亚	0.0731	德国	0.2024
南非	0.0322	塞浦路斯	0.0264	白俄罗斯	0.0731	捷克	0.0943
古巴	0.0295	科特迪瓦	0.0264	社区4		保加利亚	0.0079
西班牙	0.0694	多米尼加	0.0264	其他地区	0.0176	加拿大	0.2028
土耳其	0.0339	冰岛	0.0264	中国台湾	0.0329	智利	0.0079
瑞典	0.0295	拉脱维亚	0.0264	中国香港	0.1438	库拉索岛	0.0079
澳大利亚	0.0295	立陶宛	0.0264	马来西亚	0.2109	爱沙尼亚	0.0079
意大利	0.0295	马耳他	0.0264	菲律宾	0.2506	希腊	0.0079
阿富汗	0.0295	尼泊尔	0.0264	日本	0.2311	匈牙利	0.0079
摩洛哥	0.0302	新加坡	0.0488	越南	0.0308	爱尔兰	0.0079
伊朗	0.0586	斯洛伐克	0.0264	泰国	0.0465	卢森堡	0.0079
葡萄牙	0.0295	瑞士	0.0264	波兰	0.0181	墨西哥	0.0079
巴基斯坦	0.0348	委内瑞拉	0.0264	马达加斯加	0.0176	其他欧洲地区	0.0079
斯洛文尼亚	0.0295					秘鲁	0.0079
阿联酋	0.0295					坦桑尼亚	0.0079
沙特阿拉伯	0.0372						
丹麦	0.0295						

6. 中国主要产品进口来源国出口对象节点的进口竞争力指数评价

全球镍矿资源分布较为集中，在六种镍矿产品的供应链网络中，中日韩等少数几个国家（地区）占据了进口贸易的主要份额。中国作为世界上主要镍矿资源进口国之一，对各产品的进口需求有较大差异，主要进口产品是镍矿石、镍锍和镍铁三种镍矿资源工业化应用的主要原材料。本节对中国主要进口镍矿资源产品（HS 分别为 2604/7501 和 720260 的镍矿砂及其精矿、镍锍及镍冶炼其他中间产物和镍铁）的主要进口来源——印度尼西亚的所有相关产品出口对象的进口竞争能力采用 4.2.1 节所提出的方法进行评价。

第 4 章 | 战略性矿产资源贸易网络社区演化分析及节点进口竞争力评价

如图 4.7 所示，印度尼西亚镍矿砂及其精矿的主要出口对象为中国、乌克兰、北马其顿、日本和德国，通过对其五个维度的指数进行计算，获得这五个国家（地区）之间的相对资源进口竞争力指数。可以看出，中国作为印度尼西亚最大的镍矿砂及其精矿进口国，其对于镍矿砂及其精矿的资源进口能力在五个国家（地区）中是最高的，远高出第二名的德国，而北马其顿的进口竞争力指数最小。

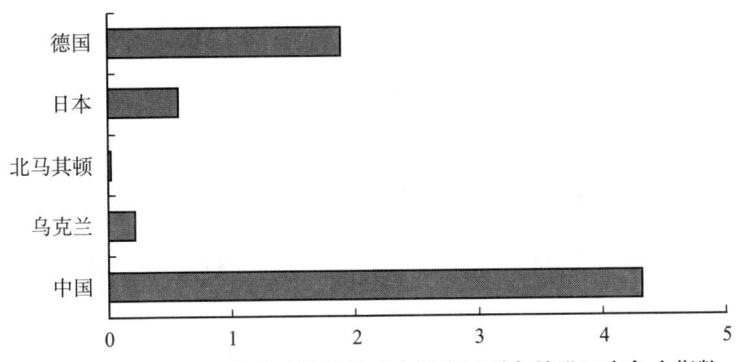

图 4.7 印度尼西亚镍矿砂及其精矿主要出口对象的进口竞争力指数

如图 4.8 所示，对于印度尼西亚镍锍及镍冶炼其他中间产品的进口竞争能力计算中，在所有的主要进口国日本、英国、中国、韩国和西班牙五国中，日本对于印度尼西亚的镍锍及镍冶炼其他中间产品的相对竞争进口能力最高，中国紧随其后，而英国、韩国和西班牙基本处于同一水平。

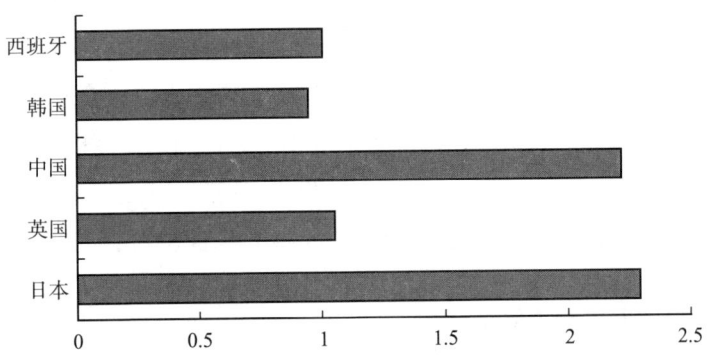

图 4.8 印度尼西亚镍锍及镍冶炼其他中间产物主要出口对象的进口竞争力指数

在印度尼西亚的镍铁出口所有主要国家（地区）中，中国、印度、韩国、其他亚洲地区、南非、意大利、日本和荷兰占据了出口主要份额，这八个国家（地区）之间对于印度尼西亚镍铁的进口竞争能力评价结果如图4.9所示，中国的镍铁进口竞争能力最高，其次为韩国，而日本则处于进口竞争能力最弱的地位。

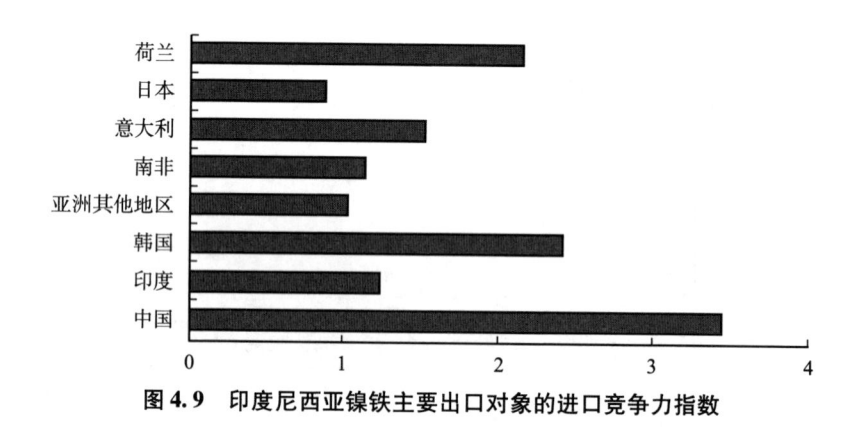

图4.9　印度尼西亚镍铁主要出口对象的进口竞争力指数

4.2.3　全球基础锂产品贸易网络节点进口竞争力指数评价

本节选取锂矿资源产业链中的基础锂产品——锂的氧化物和氢氧化物（HS：282520）和碳酸锂（HS：283691）作为研究对象。与镍矿资源贸易网络仿真过程类似，节点的贸易竞争能力指数（TCI）是重要的仿真参数，但在不同的传导阶段，相同的节点因竞争对象不同会有不同的贸易竞争能力指数，因此本节仅对主要出口国家（地区）的出口对象进行节点进口竞争力指数的计算，其他进口国家（地区）的进口国主导地位指数、社区内重要性指数会随不同的出口国家（地区）而有所不同，故不再给出详细的进口竞争力指数计算结果，各维度的指数计算结果将在突发风险仿真过程中作为重要参数使用。

1. 进口国的主导地位指数

进口国的主导地位指数相对不同的进口来源来计算，是各进口国从特定出口国的进口规模与该出口国前 N 大出口对象规模平均数的比值。本节设定 $N=3$，基础锂产品主要出口国家（地区）的出口对象主导地位指数计算结果见表 4.12。

表 4.12　各产品主要出口国家（地区）的出口对象进口主导地位指数

阿根廷		智利				中国			
中国	1.6038	韩国	1.5992	阿联酋	0.0012	日本	1.5196	比利时	0.001
美国	0.7433	日本	0.9062	沙特阿拉伯	0.0008	韩国	1.431	埃及	0.001
日本	0.6529	中国	0.4946	斯洛文尼亚	0.0003	美国	0.0494	越南	0.0007
韩国	0.2584	比利时	0.2406	埃及	0.0003	印度	0.0268	墨西哥	0.0005
俄罗斯	0.2269	美国	0.1862	西班牙	0.0002	俄罗斯	0.0243	西班牙	0.0005
法国	0.0945	俄罗斯	0.1472	乌克兰	0.0002	泰国	0.0151	马来西亚	0.0005
西班牙	0.0679	荷兰	0.1323	新加坡	0.0001	加拿大	0.0124	意大利	0.0005
德国	0.0504	德国	0.0717	马来西亚	0.0001	新加坡	0.0099	瑞典	0.0004
澳大利亚	0.0159	加拿大	0.0355	巴基斯坦	0.0001	其他亚洲地区	0.0088	芬兰	0.0004
印度	0.0087	法国	0.0265	芬兰	0.0001	法国	0.007	阿根廷	0.0003
斯洛文尼亚	0.0078	越南	0.0159	哈萨克斯坦	0	英国	0.0068	斯洛文尼亚	0.0003
瑞士	0.0068	其他亚洲地区	0.0143	斯洛伐克	0	澳大利亚	0.0067	加纳	0.0003
加拿大	0.0054	土耳其	0.0135	塞尔维亚	0	沙特阿拉伯	0.0049	波兰	0.0002
比利时	0.0036	阿根廷	0.0098	澳大利亚	0	阿联酋	0.0047	以色列	0.0002
印度尼西亚	0.0021	印度	0.0082	爱沙尼亚	0	荷兰	0.0026	科威特	0.0002
波兰	0.0012	南非	0.0072	白俄罗斯	0	土耳其	0.0022	突尼斯	0.0001
新加坡	0.0004	英国	0.0067	智利	0	奥地利	0.002	哥伦比亚	0.0001
奥地利	0.0003	波兰	0.0042	新西兰	0	印度尼西亚	0.0016	捷克	0.0001
马来西亚	0.0003	奥地利	0.0033	爱尔兰	0	中国香港	0.0016	智利	0.0001
智利	0.0002	印度尼西亚	0.0026	摩洛哥	0	秘鲁	0.0015	希腊	0
其他亚洲地区	0.0001	泰国	0.0024			瑞士	0.0014	白俄罗斯	0

续表

阿根廷		智利		中国			
芬兰	0	捷克	0.0017	菲律宾	0.0014	斯洛伐克	0
		秘鲁	0.0015	巴基斯坦	0.0014	乌克兰	0
		瑞士	0.0014	南非	0.0013	爱尔兰	0
		挪威	0.0013	摩洛哥	0.0011	挪威	0
		哥伦比亚	0.0013	德国	0.001	新西兰	

2. 贸易中转能力

贸易中转能力用节点国家（地区）在网络中的中介中心性表示，具体结果见 3.3.2 节。

3. 进口集中度指数

主要国家（地区）的 HHI 计算结果见表 4.13，爱沙尼亚、乌兹别克斯坦、乌克兰和其他一些国家（地区）HHI 结果着色深，表明它们缺乏进口来源多样性，HHI 值较高。然而，由于基础锂产品的生产集中在几个主要国家（地区），如果进口数量较大则必然需要通过从主要进口国家（地区）进口，因此进口来源多样性较好的国家（地区）并不是世界前六大进口国家（地区）。

表 4.13　全球基础锂产品贸易国家（地区）进口 HHI

国家（地区）	HHI	国家（地区）	HHI	国家（地区）	HHI
其他地区	NALL	印度	0.1962939	新西兰	0.29496868
阿根廷	0.310485763	印度尼西亚	0.1807188	尼日利亚	NALL
澳大利亚	0.2164209	爱尔兰	0.643164214	卡塔尔	1
奥地利	0.307551441	以色列	0.23239	韩国	0.466568675
白俄罗斯	0.774097133	意大利	0.2004473	罗马尼亚	0.51815445
比利时	0.480983967	日本	0.383734086	越南	0.829876344

续表

国家（地区）	HHI	国家（地区）	HHI	国家（地区）	HHI
保加利亚	0.434312272	挪威	0.454804442	沙特阿拉伯	0.340286016
加拿大	0.295945059	中国台湾	0.480702285	塞尔维亚	**0.824409989**
智利	0.630662594	其他欧洲地区	NALL	新加坡	0.269931723
中国	0.474532851	巴基斯坦	**0.893749602**	斯洛伐克	0.617094762
中国香港	**0.764541172**	秘鲁	0.496477576	斯洛文尼亚	**0.764024738**
哥伦比亚	0.333787681	津巴布韦	NALL	南非	0.278549384
克罗地亚	0.440354969	菲律宾	**0.745493531**	西班牙	0.2359842
捷克	0.1734142	波兰	0.2286054	瑞典	0.361294803
丹麦	0.312055409	葡萄牙	0.2502903	瑞士	0.1550224
埃及	0.642855544	哈萨克斯坦	0.555906175	泰国	0.578943013
爱沙尼亚	**0.990443616**	科威特	0.37270012	突尼斯	0.726419823
俄罗斯	0.447693194	拉脱维亚	NALL	土耳其	0.63173091
芬兰	0.319263349	立陶宛	NALL	美国	0.336540795
法国	0.1557857	卢森堡	NALL	乌克兰	**0.946675362**
德国	0.476952465	马来西亚	0.505132975	阿联酋	0.445417549
加纳	**0.980254856**	墨西哥	0.528843376	英国	0.284346451
希腊	0.222629	摩洛哥	0.496078998	乌兹别克斯坦	**0.995022078**
匈牙利	0.342333559	荷兰	0.384875181		

注：加粗黑字单元格国家（地区）为计算结果后20%的计算结果，白色字体单元格为前20%计算结果。因数据不可获得的原因，一些国家（地区）的 HHI 无法计算。

4. 需求价格弹性系数

各节点的需求价格弹性系数计算结果见表4.14，英国、俄罗斯、日本等加粗字体国家（地区）的需求价格弹性系数为正，表明基础锂产品的重要性显著，任何价格变化都会对进口产生负面影响；土耳其、墨西哥和其他国家（地区）的结果标注为黑底白字，表明它们的需求很容易受到价格上涨的影响。

表 4.14　全球基础锂产品贸易国家（地区）需求价格弹性系数结果

国家（地区）	弹性系数	国家（地区）	弹性系数	国家（地区）	弹性系数	国家（地区）	弹性系数
其他地区	NALL	埃及	-0.580701	马来西亚	-0.694692	新加坡	-0.466415
阿根廷	-0.252988	爱沙尼亚	-0.295793	墨西哥	-2.327076	斯洛伐克	-0.211082
澳大利亚	-0.087275	芬兰	-0.261619	摩洛哥	-0.24465	斯洛文尼亚	0.576629
奥地利	-0.264906	法国	-0.899176	荷兰	-0.091173	南非	-0.543937
白俄罗斯	0.296532	德国	-0.679961	新西兰	-0.9616	西班牙	-0.468445
比利时	0.361078	加纳	NALL	尼日利亚	NALL	瑞典	0.210361
保加利亚	-0.798067	希腊	-0.944463	挪威	-0.331094	瑞士	-0.110228
加拿大	-1.105018	匈牙利	0.606053	中国台湾	-0.673752	泰国	0.079142
智利	-0.158634	印度	-0.292518	其他欧洲地区	NALL	突尼斯	-1.790911
中国	0.486163	印度尼西亚	0.16194	巴基斯坦	-1.195805	土耳其	-2.505488
中国香港	-0.932251	爱尔兰	-1.312325	秘鲁	-0.933855	美国	-1.472972
哥伦比亚	-0.779916	以色列	0.316184	菲律宾	-0.483033	乌克兰	-0.296905
克罗地亚	-1.247652	意大利	-0.233291	波兰	-0.042177	阿联酋	NALL
捷克	-1.384832	日本	1.44257	葡萄牙	0.940123	英国	1.738488
丹麦	-0.94946	哈萨克斯坦	-1.445272	卡塔尔	-0.867294	乌兹别克斯坦	NALL
立陶宛	NALL	科威特	NALL	韩国	0.556345	越南	-0.874986
卢森堡	NALL	拉脱维亚	NALL	罗马尼亚	0.079757	津巴布韦	NALL
沙特阿拉伯	-0.390018	塞尔维亚	NALL	俄罗斯	1.500065		

注：因一些国家（地区）历史数据缺失无法获得，需求价格弹性无法计算。

5. 社区内节点重要性指数

基础锂产品贸易网络中社区的划分采用 2019 年的社区划分为基准，构建基于各个社区内节点的贸易子网络，对于全球基础锂产品贸易网络节点的社区重要性评价结果采用有向加权 PageRank 算法，最终获得 2019 年全球基础锂产品贸易网络中 4 个社区内各个节点的重要性评价结果（见表 4.15），以此作为突发风险传导过程中节点贸易竞争能力指数计算的第五个维度数据。

表 4.15   2019 年基础锂产品全球贸易网络各社区内节点重要性评价结果

社区	评价结果								
1	其他地区	中国	阿根廷	新加坡	韩国	马来西亚	泰国	菲律宾	秘鲁
	0.033	0.061	0.033	0.1888	0.1403	0.1502	0.0331	0.1957	0.033
	巴基斯坦	摩洛哥	中国香港	加纳					
	0.0331	0.033	0.033	0.033					
2	越南	日本	中国台湾	智利	美国	土耳其	墨西哥	埃及	哥伦比亚
	0.0167	0.0169	0.0167	0.8241	0.0589	0.0167	0.0167	0.0167	0.0167
3	奥地利	罗马尼亚	塞尔维亚	荷兰	希腊	德国	克罗地亚	捷克	加拿大
	0.0348	0.0368	0.0091	0.1733	0.1162	0.0384	0.0169	0.0273	0.0306
	瑞士	南非	俄罗斯	芬兰	法国	乌克兰	西班牙	斯洛文尼亚	爱沙尼亚
	0.0337	0.0271	0.0192	0.0109	0.0329	0.0104	0.0961	0.0435	0.0106
	葡萄牙	波兰	阿联酋	斯洛伐克	沙特阿拉伯	以色列	白俄罗斯	哈萨克斯坦	立陶宛
	0.0391	0.0413	0.0126	0.0201	0.0108	0.0091	0.0155	0.0118	0.009
	卢森堡	尼日利亚	其他欧洲地区	乌兹别克斯坦	卡塔尔	科威特	津巴布韦		
	0.009	0.009	0.009	0.009	0.009	0.009	0.009		
4	澳大利亚	新西兰	印度尼西亚	比利时	爱尔兰	瑞典	挪威	意大利	匈牙利
	0.0595	0.0604	0.1792	0.0399	0.0399	0.1067	0.0405	0.0453	0.0471
	印度	丹麦	英国	保加利亚	拉脱维亚				
	0.1284	0.0781	0.0887	0.0464	0.0399				

6. 全球基础锂产品主要出口国出口对象节点的进口竞争力指数评价

全球基础锂产品的出口主要集中在阿根廷、智利和中国，三国所占份额超过了世界的总出口额的85%，全球基础锂产品的生产和出口十分集中。中国每年向阿根廷和智利进口基础锂产品，因此运用4.2.1节所提出的贸易网络节点资源进口竞争力评价方法，对阿根廷和智利这两个主要出口国出口对象的基础锂产品贸易进口竞争力进行测算。

如图4.10所示，阿根廷的基础锂产品出口对象相对智利明显更少，其中中国所占份额最大，在所有阿根廷的出口对象中，中国的基础锂产品进口竞争能力指数最高，达到2.7左右，其次为瑞士和印度，各国贸易竞争能力指数差异性明显，进口竞争能力指数最低的斯洛文尼亚仅有不到0.1，近一半的国家（地区）竞争能力指数处于0.6左右。

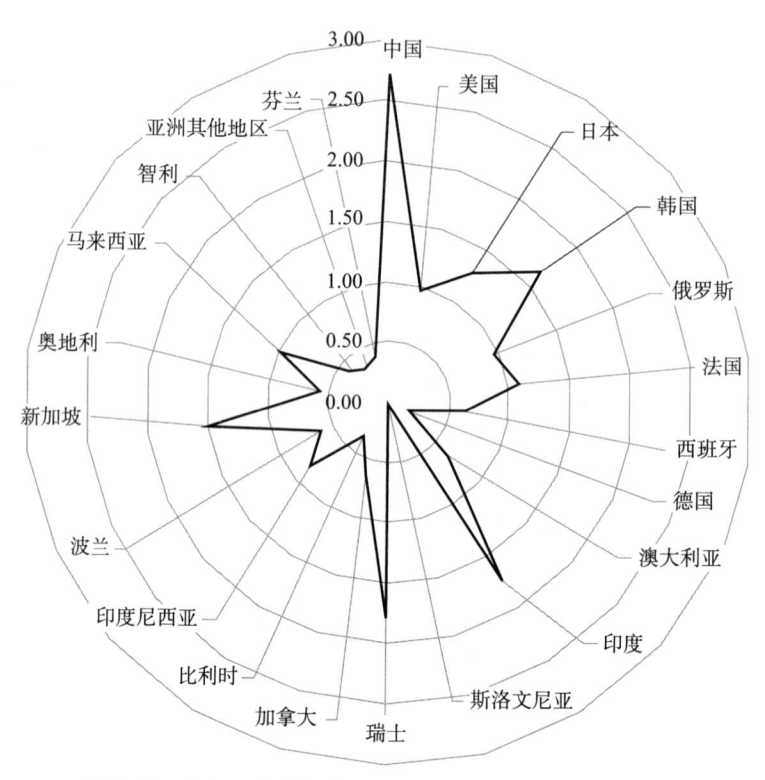

图4.10　阿根廷基础锂产品出口对象资源进口竞争力指数

第4章 | 战略性矿产资源贸易网络社区演化分析及节点进口竞争力评价

相比阿根廷，智利基础锂产品出口对象多达46个（见图4.11），韩国、日本、美国、加拿大等国作为最主要的进口国，其资源进口竞争能力指数也较高，韩国在智利所有的出口对象中的进口竞争能力最强，其次为日本、美国和瑞士，中国在贸易网络社区划分中与智利不属于同一社区，其进口规模在其他进口国中也没有明显优势，因此在智利的所有出口对象中，中国基础锂产品进口竞争能力指数较小。

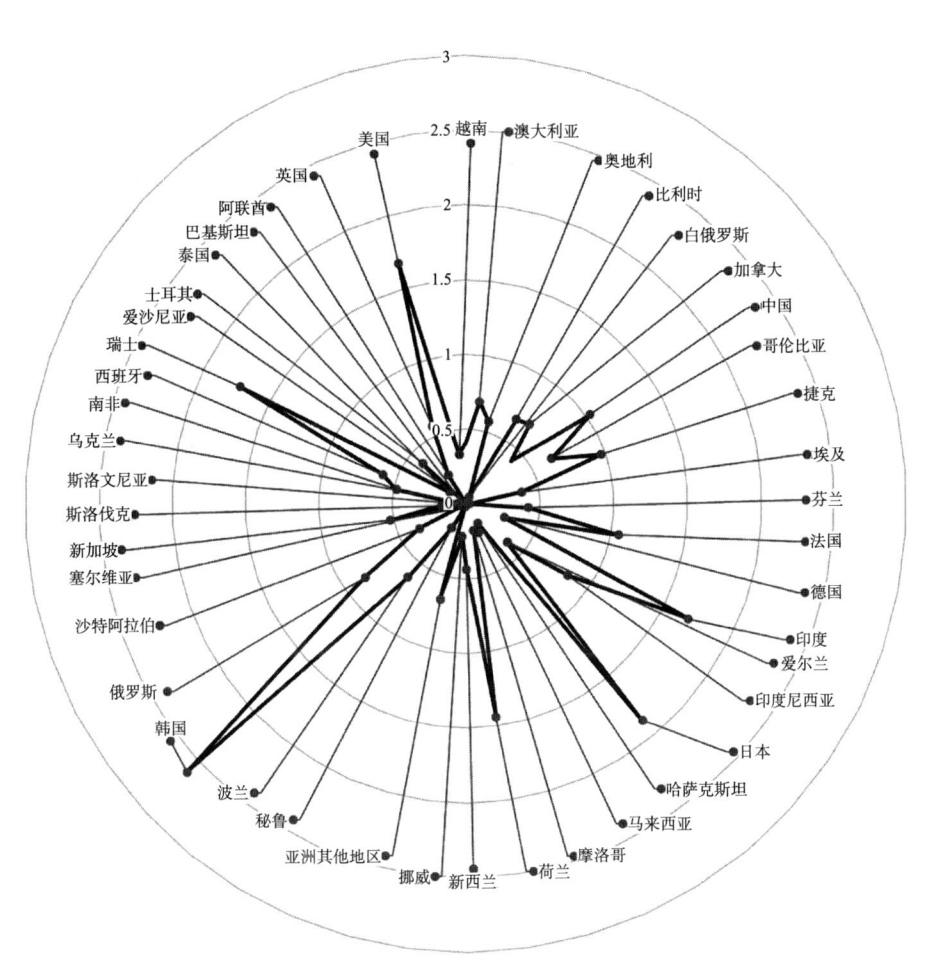

图4.11 智利基础锂产品出口对象资源进口竞争力指数

4.3 本章小结

在复杂网络相关研究中，网络的拓扑结构性质对于整体网络的规律有着至关重要的作用。本章运用 BGLL 的复杂网络社区发现算法，在构建的全球镍矿产品和基础锂产品贸易网络中进行社区划分，并通过多时间切片的社区划分来动态研究网络社区结构的演化趋势，并结合中国的主要进口产品，分别展示了 2010 年、2013 年、2016 年和 2019 年全球镍矿产品和基础锂产品贸易网络社区结构的演化情况和分产品的贸易网络社区演化情况。结果表明，全球镍矿产品贸易社区整体呈现较为稳定的结构，少部分国家（地区）进口规模不大，在历年的社区划分中有一定的改变，但主要进出口国的社区划分结果没有大的变动，中国与东南亚国家（地区）、澳大利亚等主要镍矿资源出口国的贸易紧密度较高，长期处于同一社区。中国在镍矿石的进口贸易中占据了世界绝对主要的份额，与两个主要来源国贸易联系紧密；而中国在碳酸锂的进口贸易中出现了占比下降，同时与主要出口国的贸易紧密度下降的趋势，脱离了以智利为核心的社区结构，改为加入阿根廷社区，碳酸锂的贸易结构发生了明显变化。

本章使用基准年的贸易网络社区划分结果，采用改进的有向加权 PageRank 算法对社区子网络中各节点的重要性进行评价，以该评价结果以及其他四维指标（进口国的主导地位指数、进口国中转能力指数、进口集中度指数、需求价格弹性系数）对节点的资源进口竞争能力指数进行测算。该测算结果对于突发风险传导过程中，风险的分摊策略提供了数据基础。

第 5 章 战略性矿产资源贸易网络突发风险仿真模型及节点韧性的度量

在运用复杂网络理论解决供应链风险仿真和韧性评估问题的研究中，多数学者应用的是单层复杂网络模型，普遍采用崩溃系数、节点中心性、有效联通路径等指标对网络拓扑结构进行整体评价，较少有研究针对宏观复杂网络中的节点韧性进行探讨。而基于多层网络模型的研究主要关注于应用级联失效模型、传染病模型、渗流模型等，对供应链的级联风险传导机制构建、供应链整体韧性评价、节点脆弱性和重要性评估等问题进行研究，仅是从产品层、信息层或者价格层进行单一风险评价，很难量化风险的多属性内涵。本章基于多层复杂网络理论，采用包括贸易层、信息层、价格指数层的三层关联复杂网络对战略性矿产资源贸易网络进行建模，将产品供需关系、产业链投入产出关系和价格因素的影响纳入模型考量，并提出基于改进级联失效的突发风险传导机制，对战略性矿产资源贸易网络节点在突发风险传导中的损失情况进行仿真分析，运用多场景仿真结果对节点韧性进行评价。

5.1 基于多层复杂网络理论的战略性矿产资源贸易模型构建

为准确描述战略性矿产资源的国际贸易网络，本章综合考虑贸易链与产业链之间的协同关系,提出多层供应链网络模型。该模型综合考虑产品供需关系、价格因素和产业链投入产出关系,采用三层网络对战略性矿产资源的国际贸易网络进行建模,即基于战略性矿产资源现实国际贸易网络关系的贸易层网络 G^T、基于不同级别矿产资源产品竞争购买关系的信息层网络 G^I 和不同级别产品的综合价格指数层网络 G^P。在贸易层网络的构建中,根据研究矿产资源产品在产业链中的级别的不同,分为基于产业链单级产品的贸易层网络和基于产业链多级产品的贸易层网络,在基于多级产品的贸易层网络中根据供应链中产品的投入产出关系又分为多级,从而将矿产资源各级产品的生产和国际贸易进行综合考虑,力求准确描述战略性矿产资源国际供应链网络。

5.1.1　基于产业链单级产品的贸易层网络

以真实的全球贸易网络数据构建贸易层网络能够最大限度地保留真实世界中自然形成的战略性矿产资源全球贸易关系,以弥补因模型的局限性而丢失的未知信息。根据研究对象范围的不同,在构建贸易层网络时可基于单种(级)产品或基于产业链多种产品进行。

在基础锂产品类别中包含了两种属于产业链同级别的产品,在构建贸易层网络 G^T 时:

$$G^T = (V^T, E^T, W^T) \quad (5.1)$$

其中,节点的集合 $V^T = \{v_1^T, v_2^T, v_3^T, \cdots, v_n^T\}$ 代表参与基础锂产品全球贸易的国家(地区),有向加权连边的集合 $E^T = \{e_{ij}^T | i, j = 0, 1, 2, \cdots, n\}$ 中,$e_{ij}^T \in \{-1, 0, 1\}$ 代表节点 v_i^T 和 v_j^T 间的贸易关系,0 表示无贸易关系,元素 1 和 -1 分别代表出口和进口。贸易层连边为有向边,箭头方向表示产品流动方向;$W^T = \{w_{ij}^T | i, j = 1, 2, \cdots, n\}$ 为边权重,设置为产品贸易的价值,当两个节点间存在多种产品的贸易时,采取叠加方式计算。

5.1.2 基于产业链多级产品的贸易层网络

在以战略性矿产资源产业链为研究对象时，产业链中包含有多个级别多个品类的产品，各种产品之间因战略性矿产资源的冶炼、工业应用的工艺流程等原因，存在着交织的投入产出关系，为综合构建涵盖全产业链各级产品的贸易层复杂网络，为风险仿真中以全产业链视角研究某种产品的突发风险对整个产业链的影响，本章所构建的基于产业链多种产品的战略性矿产贸易层网络模型表示为

$$G^T = (V^T, E^T, W^T) \quad (5.2)$$

其中，$V^T = \{v_1^T, v_2^T, v_3^T, \cdots, v_n^T\}$ 为节点的集合，代表参与某种矿产贸易活动的国家（地区）集合；$E^T = \{e_{ij}^T | i, j = 0, 1, 2, \cdots, n\}$ 为节点间边的集合，e_{ij}^T 代表节点 v_i^T 和 v_j^T 间的贸易关系，是一个包含 q 个 0 或 ±1 元素的向量，q 为供应链中产品的种类数量，0 表示无贸易关系，元素的 1 和 -1 分别代表出口和进口。贸易层连边为有向边，箭头方向表示产品流动方向；$W^T = \{w_{ij}^T | i, j = 1, 2, \cdots, n\}$ 为边权重，w_{ij}^T 与 e_{ij}^T 一样为包含 q 个元素的向量，各元素的值分别代表各种产品的实际贸易量。

5.1.3 信息层网络

战略性矿产资源区别于普通矿产，多数呈现稀有、稀土、稀散的"三稀"特征，还有部分矿种开采集中于少数几个国家（地区），因此其国际供应网络受多种因素的综合影响，在风险导致的供给短缺情景下，贸易层网络的原始稳定状态被风险冲击所打破，在供给短缺情景下，各节点为保障自身战略性矿产资源的进口会与同一进口对象的其他进口国家（地区）进行资源竞争，因此本节通过构建信息层网络来试图将多种影响因素引入其供应链网络的构建当中。信息层网络构建为

$$G^I = (V^I, E^I, W^I) \quad (5.3)$$

其中，$V^I = \{v_1^I, v_2^I, v_3^I, \cdots, v_n^I\}$ 为节点的集合，代表参与战略性矿产资源贸易活动国家（地区）的集合，与贸易层网络相同；$E^I = \{e_{ij}^I | i, j = 1, 2, 3, \cdots, n\}$ 为边的集合，其中 e_{ij}^I 是一个包含 q 个 0 或 1 元素的向量，q 为供应链中产品的种类数量，0 表示节点 v_i^I 和节点 v_j^I 之间无某种产品的进口竞争关系，1 表示存在某种商品的进口竞争关系，即在某种战略性矿产需求大于供给的背景下，供应链中某种产品的各国进口数量存在竞争关系，信息层为无向连边；$C^I = \{c_1^I, c_2^I, c_3^I, \cdots, c_n^I\}$ 为节点进口竞争能力的集合，c_i^I 表示节点在供应链网络出现突发风险，进口源供应下降时的相对资源进口竞争能力，用于决定在整体供应水平不足时，各个节点的分流比例。c_i^I 是一个包含 q 个元素的向量，q 为供应链中产品的种类数量，无进口的产品该值取 0。

5.1.4 价格指数层网络

本章提出的多层供应链网络的第三层为价格指数层。在全球贸易高度发展的今天，战略性矿产的供需问题很大程度上受价格因素的影响，供应链网络中的突发风险经常首先通过价格波动的形式传递给整个供应链上的节点。价格因素不仅会对节点的需求造成影响，而且是节点国家（地区）资源竞争能力的主要影响因素之一。根据某种战略性矿产资源的各级产品分类，每一级产品对应本级综合价格指数，价格指数的变动，会影响相关节点国家（地区）的需求，影响的大小通过节点对于相应产品的需求价格弹性计算。

价格指数层网络表达为

$$G^P = (I, E^P) \tag{5.4}$$

其中，$I = \{I_1, I_2, I_3, \cdots, I_n\}$ 为贸易产品各级市场的综合价格指数的集合，代表该级市场中产品的价格变化指数，原始状态 $I_1 = I_2 = I_3 = \cdots = I_n = 1$，表示风险未发生时各市场价格指数稳定；$E^P = \{(I_i I_j) | e_{ij}^P = 1 \text{ 或 } 0\}$ 为边的集合，代表不同级别市场的价格变化指数之间的影响关系，为无向连边。

5.1.5 各网络层间映射关系

本章提出的战略性矿产资源全球供应链多层关联网络由贸易层、信息层、价格指数层构成，除了对各层网络的构建，还需要进一步将三层网络进行联系（见图5.1）。本章提出的关键性矿产资源多层供应链网络，针对现实情况以及研究重点选择网络层间映射关系。根据实际研究需要，在贸易层与信息层之间采用"一对一"的节点映射关系 Φ^{TI}，在信息层与价格指数层之间采用"多对一（一对多）"的节点映射关系 Φ^{IP}。

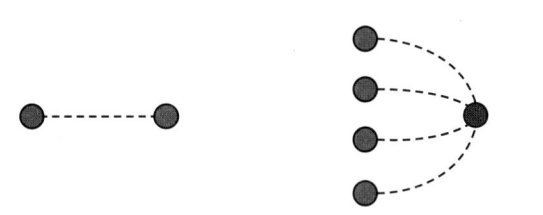

图 5.1　节点的"一对一"和"多对一（一对多）"映射关系

由此，本章所构建的战略性矿产资源多层供应链网络模型为

$$A = \{G^T, G^I, G^P, \Phi^{TI}, \Phi^{IP}\} \tag{5.5}$$

使用图5.2更直观地描述所构建的基于三层网络的战略性矿产资源供应链网络。假设某种战略性矿产资源全球供应链网络包括9个主要参与国家（地区），产业链中简化为原矿石级、中间产品级和最终产品级三种产品。这9个主要国家（地区）构成了贸易层网络 G^T 和信息层网络 G^I 的9个节点，其中2个节点主要产出原矿石产品，4个节点主要产出中间产品，3个节点主要产出最终产品，贸易层中上层到中层和中层到下层的边分别代表两种不同的产品流动方向。价格指数层节点为各产品各级市场的综合价格指数，各层节点之间的连边关系、各层网络节点之间的映射关系如图5.2构成。

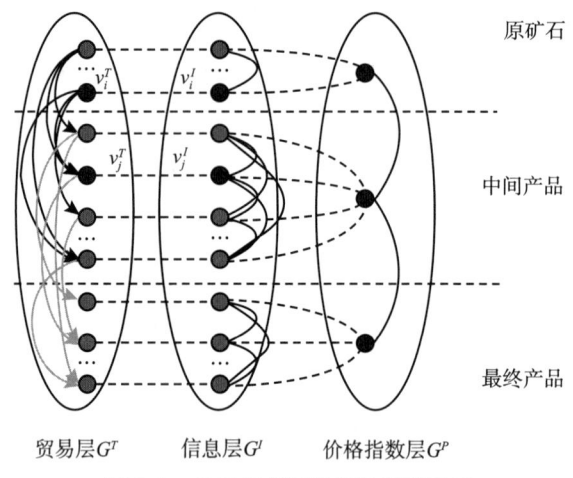

图 5.2 多层复杂网络贸易模型示例

5.2 基于改进级联失效的战略性矿产资源贸易网络突发风险传导模型

战略性矿产资源安全供应问题区别于一般产品贸易风险问题之处，首先是其来源的集中性，其次是矿产资源从开采到冶炼到最终应用的产业链较长、技术要求高，最后是其产品的难以替代以及其在国家（地区）未来产业发展中所处的特殊地位。在这种需求背景下，其全球贸易网络突发风险的来源多，风险传导机制复杂。关键节点的损毁对于整个网络的影响会因产业链、贸易链的依赖关系造成难以估量的影响。为量化评估关键节点突发风险对网络中其他节点所带来的损失，本节基于经典的复杂网络级联失效模型，针对战略性矿产资源贸易网络风险传导的特点进行相关改进，对发生在战略性矿产主要出产国的突发风险在多层复杂网络贸易模型中的传导机制构建模型。

5.2.1 模型改进的核心点与模型假设

1. 模型改进的核心点

在供应链网络风险传导问题中,级联失效模型应用最为广泛。网络的级联失效指的是网络中的某一个或几个节点因突发风险失效后,其所负载会根据节点间的连边关系以一定的比例分配给它的邻居节点,从而导致它的邻居节点可能因过载而出现失效,然后邻居节点的邻居节点相应受到额外负载,网络中的节点出现多米诺骨牌式的链式反应。复杂网络的级联失效模型包括负载容量模型、Cascade 模型、二值影响模型、沙堆模型等,在供应链、贸易链网络风险问题中,容量模型的运用最为广泛,因此基于负载容量模型的复杂网络级联失效机制构建战略性矿产资源贸易网络风险传导模型。

传统的负载容量模型研究的对象是整体网络的鲁棒性或者节点的重要性。通过仿真计算移除关键节点对网络整体拓扑结构的破坏程度来进行相关研究。本书关注的研究目标是对战略性矿产资源贸易网络中突发风险对各个节点所造成的损失,因此需要针对经典的负载容量模型进行相关改进。

核心点一:节点的初始负载设为 0,代表在风险发生前战略性矿产资源贸易网络中的供需是平衡的,在突发风险发生后,风险源节点的负载变为风险所造成的出口损失规模。

核心点二:节点的负载容量设计为节点相关产品的总进口数量,即在突发风险的传导过程中,节点的最大负载不会超过其总进口数量,同时设定节点不会失效,而是增加对节点损失规模的计算。节点的损失规模通过节点负载容量与风险传导过程中实际负载的差值进行计算。

核心点三:上游节点的负载重新分配策略通过 4.2.1 节所提出的节点资源进口竞争能力评价结果确定。

2. 模型假设

考虑战略性矿产资源全球贸易的特性，本节设定突发风险来源为某个主要原矿石出产国，网络突发风险表现为风险源节点出口部分中断，以贸易周期为时间单位，对风险源节点的出口减损对整个网络中的所有节点的影响提出风险传导模型进行推演仿真，分析各个节点在每个贸易周期所受到的进口损失。值得注意的是，在构建贸易层网络 G^T 时，其边权重 w_{ij}^T（贸易量）所对应的时间尺度，与此处贸易周期的时间尺度应一致。模型假设如下。

假设一：设定其各级产品主要为卖方市场，在突发风险中实际需求在研究时间范围内不会下降。

假设二：当出现进口缺额时，为优先保障节点国内产业发展的需求，各节点首先通过减少该产品的出口，其次通过减少下级产品的出口来减少对本国产业的影响，最大限度保障自身需求。

5.2.2 基于级联失效的战略性矿产资源贸易网络风险传导模型

考虑产业链多种产品的风险传导机制构建以下模型。

1. 第一阶段

基于以上假设，模型设定战略性矿产资源突发风险表现为原矿石产品级的某节点 v_i^T 因自然灾害、突发公共卫生事件等突发风险突然降低 ΔL 比例的商品出口，突发风险后的第一个贸易周期 $t=1$，随着 G^T 贸易层网络连边风险进行自上而下的传播，根据风险源以及各节点在供应链网络中位置的不同，节点受到影响的顺序也不同，风险在节点网络中以进口缺额的方式传播。这些节点国家（地区）因产业规模、进出口产品种类侧重以及贸易伙伴联系的不同，在产业链和供应链中有着不同的位置分布，其所构成的全球供应网络整体呈现以主要战略性矿产出口国节点为圆心，以与圆心最短连通距离递增分层排列的、内密外疏的同心圆网状结构，如图 5.3 所示，当处于

第 5 章 | 战略性矿产资源贸易网络突发风险仿真模型及节点韧性的度量

贸易链上游的圆心处节点中出现突发风险（Risk Source），首先受到影响的是直接与风险源节点相连的节点（a_1、a_2、a_3），然后是与这三个节点有贸易关系的其他节点，以此类推。

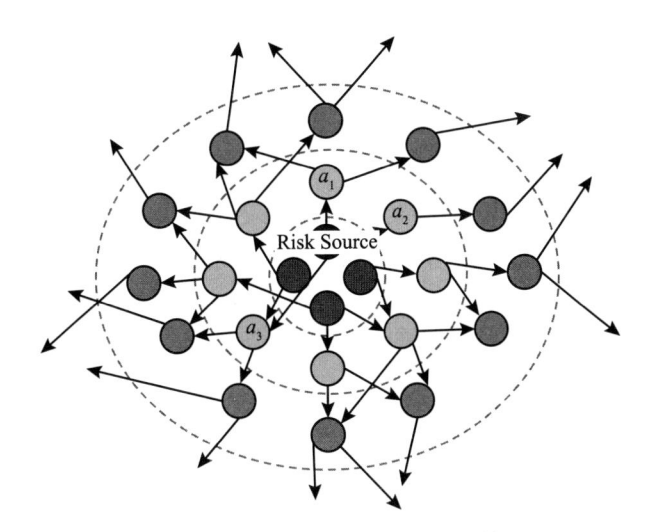

图 5.3　风险传导过程中网络结构

在研究范围不同的情况下，风险传导的机制也有所不同。在研究产业链中多种产品的风险传导中，因产业链中各种产品存在投入产出的关系，上游产品的进口缺额会直接导致下游产品出口的减少，当原始状态的系统稳态被突发风险扰动之后，风险源节点出口减少，原本所连接的节点将同时出现进口不足，在此情况下，各邻居节点将进行贸易竞争，通过各自的 TCI 来决定从风险源节点分得剩余份额。在风险传导过程中，将上一批受风险源节点 v_j^T 出口减少影响的节点存入集合 D_1，节点 j 所能够获得的 q 产品的份额 $Q_{D1(j)}(q)$ 计算公式为

$$Q_{D1(j)}(q) = \frac{S(q)TCI_{D1(j)}(q)}{\sum_{j=1}^{n} TCI_{D1(j)}(q)} \quad (5.6)$$

其中，$S(q)$ 为风险源节点 q 产品的剩余出口量，$TCI_{D1(j)}(q)$ 为节点 j 在集

合 D_1 中所计算得到的 TCI 指数。而在针对单一种类的战略性矿产资源产品的研究中，节点在每个传播步进中所受到的影响通过只含有一个元素的向量来保存。

因进口缺额的存在，根据各产品的投入产出依赖关系，D_1 中节点相应减少商品的出口，各商品的出口减少量相应存入第二批受影响的节点 D_2 的对应节点损失向量 $E^t_{D2(j)}$，以此类推，风险传播直到供应链最下游节点。因供应链节点之间复杂的贸易联系，一个节点可能同时被包含于多个 D_n 中，此时将对应的多个损失向量相叠加，即为节点 v_j^T 在此贸易周期的总进口损失 $E_j^{t=1}$。而上游节点 D_1 所减少的各种产品出口份额对各下游节点的影响大小，根据各节点的 TCI 指数大小计算。在不同的集合中，相同节点会有不同的 TCI 计算结果，TCI 指数与竞争对象有关，并不是一成不变的，这也符合客观情况。

以镍产业链中上游产品为例，该产业链中共有 $q=6$ 种产品，各产品投入产出依赖关系如图 5.4 所示，以各种产品的含镍量计，将这种依赖关系量化，用以计算上游产品进口缺额对于下游产品出口数量影响的大小。使用包含 6 个元素的向量 E 来存储每个节点 6 种商品的进口损失。当风险源的矿石产品出产降低时，基于产品链的投入产出关系，会以一定比例（含镍量）影响其他 5 种产品的出口。以此类推，根据 6 种产品在产业链中的位置，一种产品的进口缺额，会影响其下游产品的生产及出口，如果一个国家（地区）仅进口上游产品而没有出口下游产品，则这部分风险将无法传递出去，完全由该国承担。

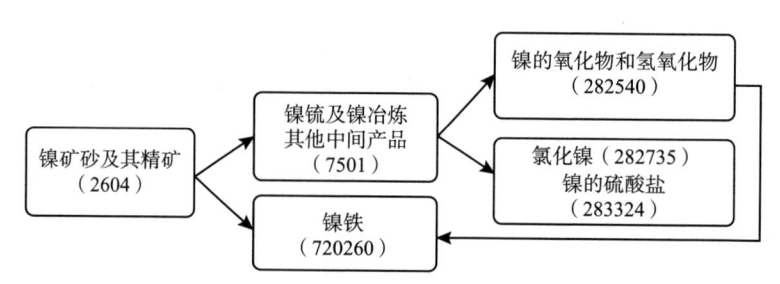

图 5.4 镍产业链上游和中游产品投入产出关系

考虑到矿产资源产业链中节点对于各种产品可能同时存在进口、出口以及再出口贸易活动，而原料再出口对于该节点国家（地区）产业发展的贡献很少，设定节点某种产品的进口缺额首先通过减少同种产品的再出口进行部分化解，剩余进口缺额再转化为产业链下游其他出口产品的出口减量，第一个贸易周期结束。

2. 第二阶段

因为供应链市场供求状况的改变，G^I 信息层节点 v_i^I 映射的该级别产品综合价格指数 I_k 的取值因需求大于供给而从 1 变为 $1+h\%$，即该级产品综合价格指数上升 $h\%$，并通过 G^P 价格指数层无向网络向上下游产品价格综合指数节点同时传播，引起各级产品综合价格指数的相应波动。从第二个贸易周期 $t=2$ 开始，除原始风险节点 v_i^T 之外的其他主要矿石出产国节点在价格指数 I_k 呈上涨情况下，为抢占市场采取扩大投资、提高生产和管理效率等方法提高产品出口量比例 α，风险源节点 v_i^T 在风险发生后也将采取相应的风险补救措施，每期恢复出口量比例 β。根据贸易网络的结构以及 D_1 中节点在供应链网络中的上游位置，其他主要矿石出产国节点的出口增额按照各节点的 TCI 指数分配给 D_1 中节点，第二个周期中 D_1 的各节点进口缺额 $E^t_{D1(j)}$ 因分流份额 $Q_{D1(j)}$ 的存在有所减少。根据第一阶段中相同的风险传播策略，$E^t_{D1(j)}$ 通过供应链网络结构向下游各节点传播，得到下游节点的进口缺额 $E^t_{D2(j)}$、$E^t_{D3(j)}$、$E^t_{D4(j)}\cdots$。

随着产量的逐渐恢复，经过一个贸易周期的产量提升，价格指数由 $1+h\%$ 下降至 $1+h\%-z\%$。为简化计算，令 $z\%=(\alpha+\beta)/5$，第二个贸易周期结束。

3. 第三阶段

重复第二阶段，直到经历 t 个贸易周期，供应链中主要矿产资源出产国各种商品的总出口量恢复到原始状态水平，突发风险传播结束，将各节点在各贸易周期所积累的进口缺额占其原始状态进口量的比例进行叠加，即为节点 V_j 在此次突发供应风险中的总损失 $Loss_j$：

$$Loss_j = (E_j^1 + E_j^2 + \cdots + E_j^t)/import_j \tag{5.7}$$

其中，$import_j$ 为节点在原始状态的总进口量，$Loss_j$、$import_j$ 为含有 q 个元素的向量。

5.3 基于多场景仿真结果的网络节点风险韧性评价

需求弹性理论在经济学研究中被广泛应用，表示价格每上升1%所导致的需求量变动程度，评估了市场主体的需求对于价格变动作出反应的敏感程度。本节借鉴需求价格弹性的概念定义，结合网络节点韧性的内涵，提出基于多风险情景仿真结果的战略性矿产资源贸易网络节点韧性的度量方法。

在本书所研究的战略性矿产资源贸易网络节点韧性评价问题中，基于本章所提出的战略性矿产资源贸易网络突发风险仿真模型，在构建多个不同参数的风险情景进行仿真之后，可以获得节点在特定风险源、风险程度、价格波动情况等风险情景参数中的损失结果，以此作为节点韧性评估的原始数据。借鉴需求价格弹性的定义通过双对数线性回归方程，计算风险程度每上升1%，节点总进口损失随之变化的程度，以之作为该节点相对特定风险源的韧性度量。

节点韧性值计算模型为

$$\ln\Delta E_j = \ln A + \beta_2 \ln\Delta L_{Ni} + \beta_3 \ln h \tag{5.8}$$

其中，ΔE_j 为节点的进口损失量，ΔL_{Ni} 为风险源风险程度，h 为价格指数上升百分比，A 为常数项，此时取 $-\beta_2$ 为节点"损失风险弹性系数"，即节点的韧性值，其值一般为负，且越接近0表示来自该风险源的风险程度变化对节点的影响越小。当节点的节点韧性为正值时，代表节点在突发风险发生时，不仅不会有损失，而且能够通过贸易竞争获得更大的市场份额。

第 5 章 | 战略性矿产资源贸易网络突发风险仿真模型及节点韧性的度量

5.4 本章小结

本章基于在突发风险传导过程中对于各国损失可能有所影响的贸易格局因素、价格因素、供需因素、产业链投入产出依赖关系、国家（地区）间贸易竞争能力等关键因素，运用多层复杂网络理论构建了包含贸易层、信息层、价格指数层的战略性矿产资源全球贸易多层复杂网络，并基于改进的级联失效模型提出了战略性矿产资源贸易网络突发风险传导机制模型。通过对多种风险情景的多次仿真推演，记录主要节点的损失情况，首先建立贸易复杂网络模型，其次提出相应的突发风险传导机制，最后借鉴需求价格弹性的概念定义，结合网络节点韧性的内涵提出的突发风险仿真分析模型，运用多风险情景的仿真结果，提出了以网络节点的进口损失相对风险源、风险规模的敏感程度作为贸易网络节点韧性的度量，以实现对不同风险源情境下，主要节点在突发风险中表现出的韧性进行综合评价。

第6章 镍、锂矿产品贸易网络突发风险仿真及节点韧性评估

全球镍矿资源和锂矿资源分布较为集中，同时也是我国乃至全世界能源改革以应对气候问题的核心能源金属，因此本章选择镍矿资源和锂矿资源相关产品数据，基于本书所提出的贸易网络突发风险仿真框架以及基于仿真结果的节点韧性度量方法，对镍矿资源和锂矿资源贸易网络突发风险进行仿真，并对主要节点的韧性进行评价。

6.1 全球镍矿资源贸易网络风险仿真及关键节点韧性评估

6.1.1 数据来源与多层复杂网络贸易模型的构建

镍矿石主要分为硫化矿和红土矿，其冶炼工艺主要分为湿法和火法，根据其冶炼工艺流程以及联合国贸易数据库（UN Comtrade Database）中关于镍矿产品的统计名目，选取如表3.1所示的HS编码商品2019年的国际贸易数据，通过整理各主要贸易国家（地区）的贸易伙伴关系，筛选出全球88个主要贸易国家（地区）作为复杂网络节点，搜集共计1573条贸易流数据作为有向连边，在贸易层网络的构建上，网络节点为参与贸易的国家（地区），因所涉及的产品众多，节点之间的连边权重选择各种产品的贸易金额，以便在仿真过程中进行

权重计算。在信息层网络边权重的确定中，使用第4章提出的网络节点进口竞争能力指数作为边权重，价格指数层网络的节点和边按照第5章提出的方法确定。

6.1.2 风险仿真情景设计

根据镍冶炼工艺进行确定产业链中各产品之间的投入产出依赖关系，如图5.4所示，镍矿砂及其精矿（HS：2604）的进口缩减有可能影响其余5种商品的出口；镍锍及镍冶炼其他中间产品（HS：7501）的进口缩减有可能影响镍氧化物和氢氧化物（HS：282540）、氯化镍（HS：282735）、镍的硫酸盐（HS：283324）以及镍铁（HS：720260）的出口；镍的氧化物和氢氧化物（HS：282540）的进口缩减有可能影响镍铁（HS：720260）的出口。本节选择世界前两大镍矿资源出口国菲律宾和印度尼西亚分别作为突发风险源节点，通过搜集评估历年关于镍矿资源突发风险相关的网络新闻，分别设定风险等级 ΔL 为35%、50%和65%，价格指数变化分别为15%、20%和25%，设计构建了如表6.1所示的18种风险情景，基于第5章提出的风险传导机制，通过 Matlab 2016b 进行编程实现仿真。

表6.1　　　　　　　　镍矿产品突发风险情景设计

风险情景	风险来源	风险程度 ΔL（%）	价格指数上涨幅度 h（%）	其他参数
1/10	印度尼西亚、菲律宾	35	15	扩产速率 $\alpha=5\%$ 产量恢复速率 $\beta=10\%$
2/11			20	
3/12			25	
4/13		50	15	
5/14			20	
6/15			25	
7/16		65	15	
8/17			20	
9/18			25	

6.1.3 主要节点国家（地区）的仿真结果

通过不同风险情景的突发风险仿真，中国镍矿资源进口损失随不同的风险源、风险等级出现较大差异（见图 6.1），供给不足所带来的价格波动对于中国镍矿资源进口的影响并不显著，波动幅度在 0.01% 以内，这与中国对镍矿资源需求价格弹性较高的情况相符，较为刚性的需求不会因短期价格波动而出现显著变化。在突发风险传导过程中庞大的进口规模和较为刚性的需求令中国在供给短缺情景下具备更高的资源竞争能力和意愿，从而增强了自身节点韧性，缓解了风险带来的资源供给损失。

在图 6.1（a）中，印度尼西亚镍矿资源出口因突发风险减少 35% 时，中国镍矿资源进口相应减少 15.64%，当价格指数上涨程度相同时，中国镍矿资源进口损失均随风险等级的提升呈现阶梯上升趋势，上升程度与风险等级的变化程度线性相关。在菲律宾作为风险源节点的情境下，中国镍矿资源进口损失变化趋势与图 6.1（a）类似［见图 6.1（b）］呈现随风险程度阶梯上升，且在多个周期的传播中累计进口损失比例叠加的最终结果最高超过了单个周期原始进口量的 103%。

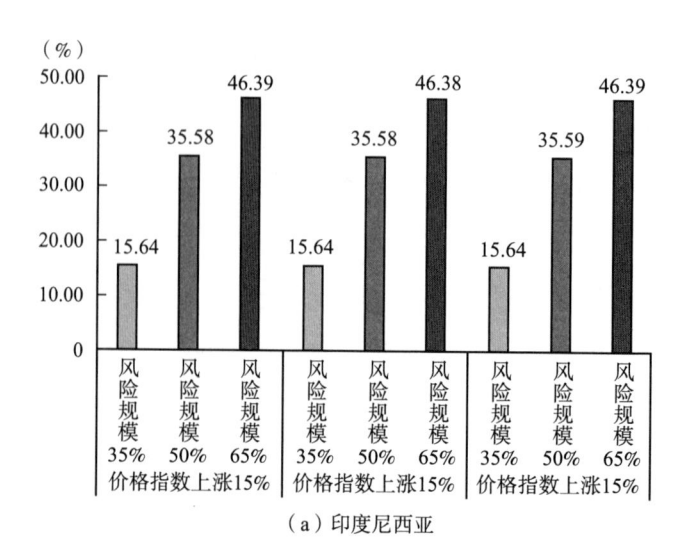

（a）印度尼西亚

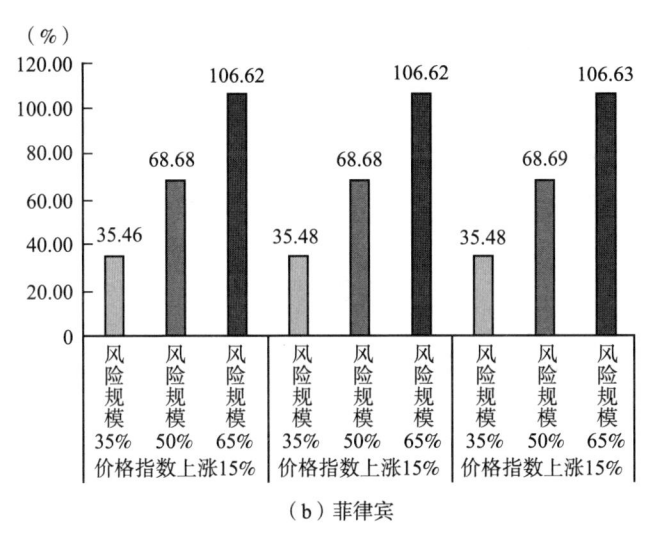

第6章 | 镍、锂矿产品贸易网络突发风险仿真及节点韧性评估

[图表：柱状图，显示不同风险规模（35%、50%、65%）和价格指数上涨15%情景下的数值：35.46、68.68、106.62；35.48、68.68、106.62；35.48、68.69、106.63]

（b）菲律宾

图 6.1 风险源为印度尼西亚和菲律宾时中国进口损失仿真结果

在仿真结果的横向对比中（见图 6.2），比较不同风险源、相同情景参数的仿真结果显示：来自菲律宾的突发风险相比印度尼西亚对中国镍矿资源的进口有更大的威胁。不仅是因为菲律宾是中国主要的镍矿资源进口来源国，更多的原因在于中国占据了印度尼西亚镍矿资源出口的绝对优势份额，因此获得了优势的资源竞争能力和节点韧性，减缓了突发风险对进口的影响，而在菲律宾各种产品的出口结构中，中国进口份额相对较小，相比之下所受进口损失较大。通过对比各风险情景中突发风险从开始到结束所经历的周期数可以发现，相同风险等级下，当菲律宾为风险源节点时所经历的周期数明显高于印度尼西亚作为风险源的情景，印度尼西亚作为全球最大的镍矿资源产出国，其产能扩充潜力较大，能够更加快速地填补因菲律宾供给缺口带来的市场差额，有利于缩短突发风险传导进程。

从图 6.2 情景 1~9 和情景 10~18 的结果来看，风险源相同时，忽略不同价格指数上升幅度的影响，风险程度的阶梯式上升会直接导致中国镍进口损失比例相应呈现阶梯式上升。而在风险等级与价格指数上升幅度相同时，风险源为菲律宾时中国进口损失明显更大，这种差异来自两国商品出口贸易结构、出口中国的商品规模的差异性，以及在作为非风险源时各自扩产能

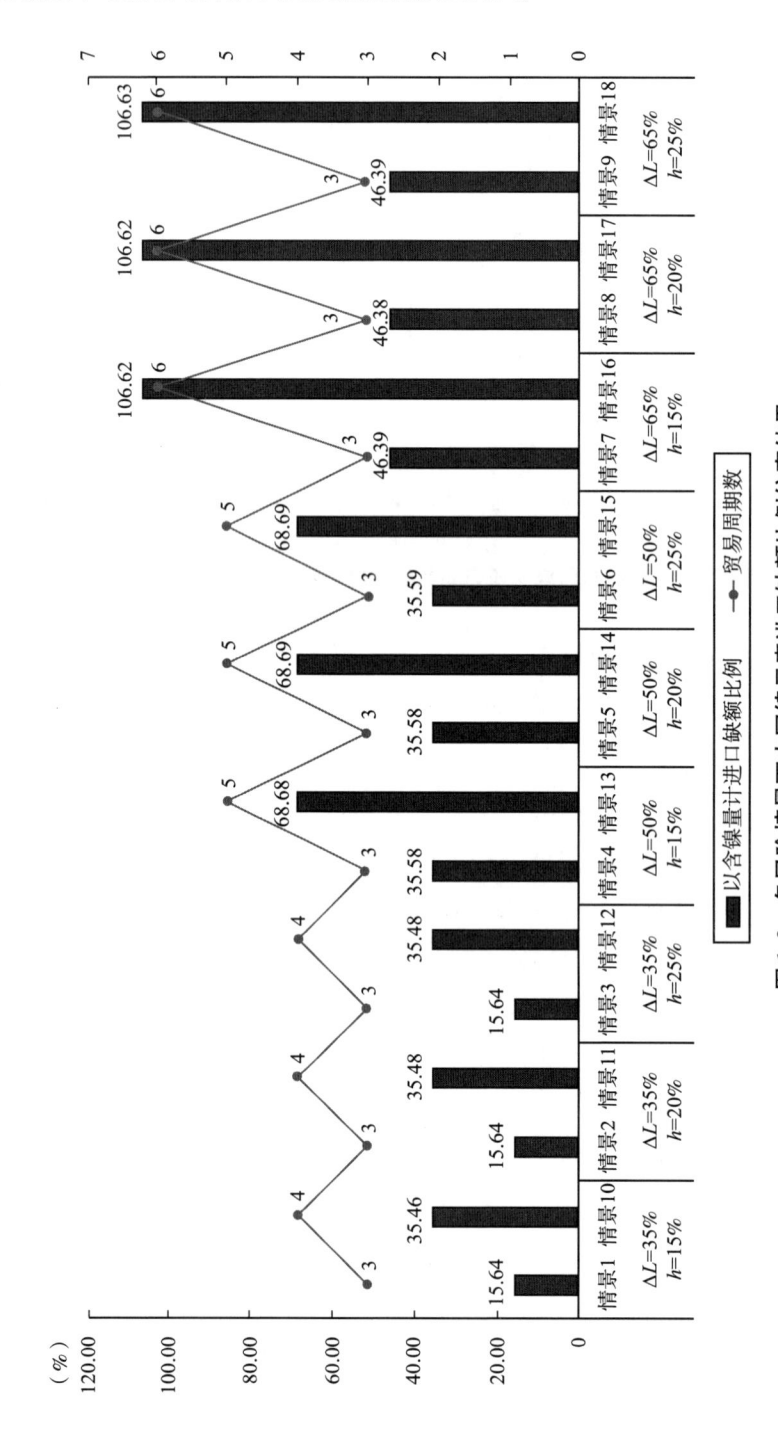

图 6.2 各风险情景下中国镍元素进口缺额比例仿真结果

注：相同风险级别及价格指数变化 ΔL、$h\%$，不同风险来源的风险情景将在一起比较。

力的差异性上。同时，因风险源与风险规模的不同，风险从发生到结束所经历的贸易周期也发生波动，当风险源为印度尼西亚时，风险情景 1～9 均经历 3 个贸易周期结束，情景 10～18 的风险源为菲律宾，其贸易周期数因风险规模而逐渐增加，原因来自两风险源总出口量占世界份额的相对差异。

图 6.3 展示了价格指数上升幅度均为 15%，风险程度分别为 35%、50%、65% 时，情景 1、4、7、10、13、16 中各类产品分贸易周期的进口损失情况。因中国从两国进口的主要产品种类不同，风险源为印度尼西亚的情景 1、4、7 中，各产品进口损失最大的商品为镍铁（HS：720260）和镍的氧化物或氢氧化物（HS：282540）。在情景 1 中，当风险演进到第 3 贸易周期，2604、7501、282540 中商品的进口缺额比例已经小于 0，说明在该贸易周期，中国从其他镍主要出产国所获得的矿产份额已经超过该周期的贸易缺额，并且部分弥补了前两个贸易周期中积累的缺额。风险源为菲律宾的情景 10、13、16 中进口损失最大的产品则为镍矿石（HS：720260）和镍的氧化物或氢氧化物（HS：282540），到风险演进后期除镍矿石（HS：720260）外，中国各种产品的周期进口量仍然没有恢复到风险发生前水平。

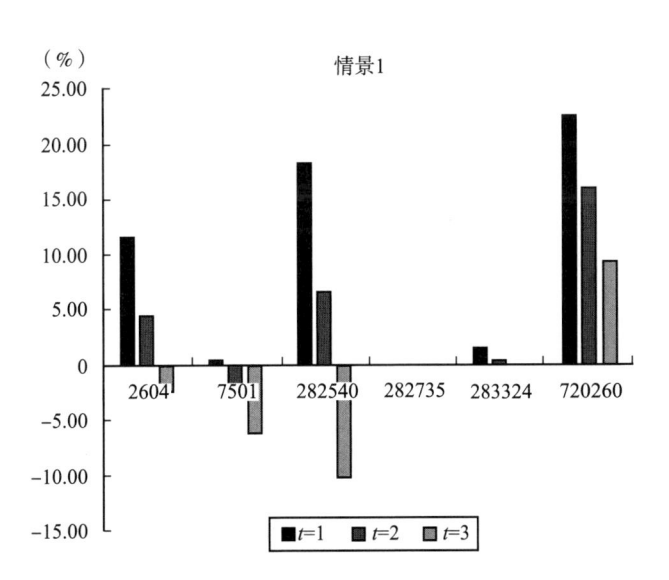

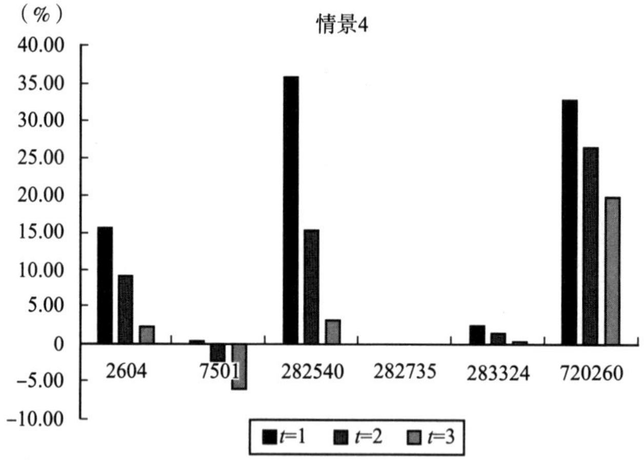
（%）
情景4
40.00
35.00
30.00
25.00
20.00
15.00
10.00
5.00
0
-5.00
-10.00
2604
7501
282540
282735
283324
720260
t=1
t=2
t=3

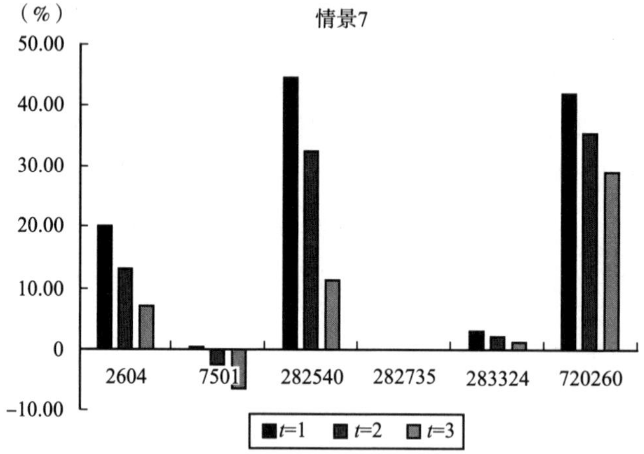
（%）
情景7
50.00
40.00
30.00
20.00
10.00
0
-10.00
2604
7501
282540
282735
283324
720260
t=1
t=2
t=3

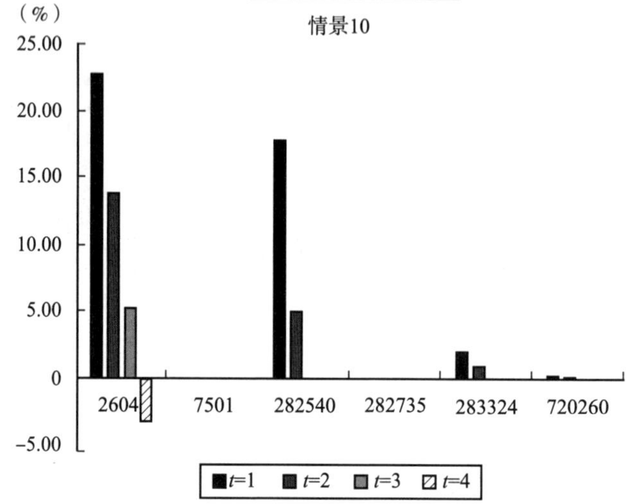
（%）
情景10
25.00
20.00
15.00
10.00
5.00
0
-5.00
2604
7501
282540
282735
283324
720260
t=1
t=2
t=3
t=4

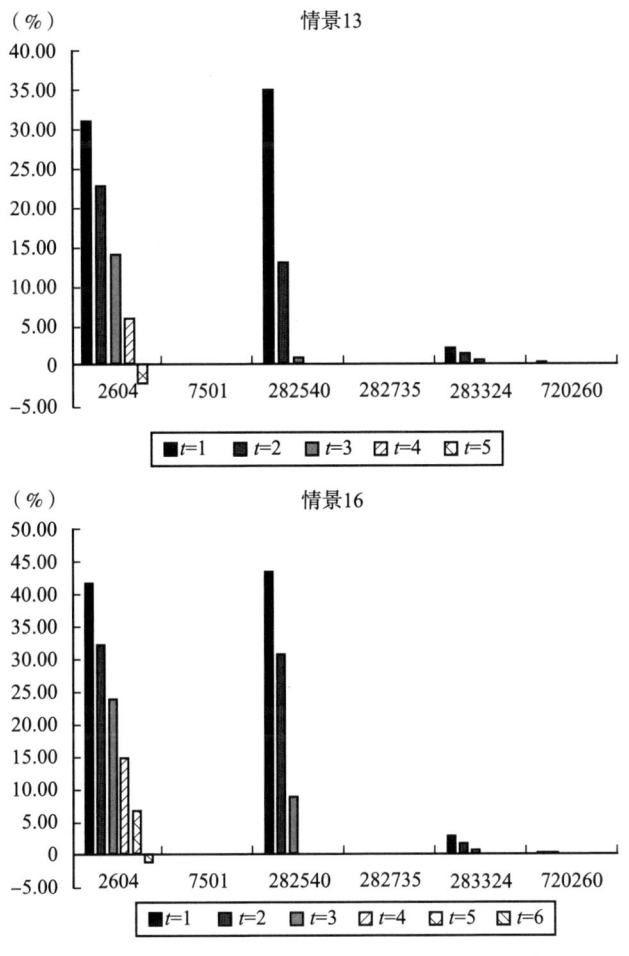

图 6.3　典型风险情景中中国各产品进口损失情况

表 6.2 为风险分别来自印度尼西亚和菲律宾时，利用以上情景 1~9（风险源印度尼西亚）和情景 10~18（风险源菲律宾）的仿真结果分别回归获得的中国在突发风险中镍进口损失节点韧性值。在 1% 的显著性水平上，虽然印度尼西亚回归结果 D. W. 值落在 dL 和 dU 之间，不能确定误差项是否自相关，但菲律宾回归结果的 D. W. 值大于 dU 小于 4－dU，表明误差项无自相关性，且两次回归 R^2 值及调整 R^2 的值均在 0.98 以上，一定程度上说明回归模型的有效性。当风险源为印度尼西亚时，风险程度每上升 1%，中

国因此遭受的镍进口损失将上升 1.71%；而当风险源为菲律宾时，该值为 1.74%，中国镍产品进口贸易在面对来自菲律宾的供应风险时，其风险抵抗能力相对更弱。

表 6.2　　　　　　　不同风险源下中国节点韧性值计算结果

风险源	显著水平（%）	n	k（解释变量个数）	D.W. 值	dL	dU	R^2	调整 R^2	节点韧性值（$-\beta_2$）
印度尼西亚	1	9	2	0.97	0.408	1.389	0.99	0.994	-1.71
菲律宾	1	9	2	1.59	0.408	1.389	0.983	0.982	-1.74

6.2　全球基础锂产品贸易网络风险仿真及关键节点韧性评估

6.2.1　数据来源与多层复杂网络贸易模型的构建

锂矿资源是全球能源改革升级必不可少的重要能源金属，其主要矿床类型为硬岩矿床和卤水矿床，因数据可获得性，本节选取锂矿资源产业链中的基础锂产品作为研究对象，选取联合国贸易数据库（UN Comtrade Database）中 HS 编码 282520（锂的氧化物和氢氧化物）和 HS 编码 283691（碳酸锂）的全球贸易数据进行多层复杂网络建模，最终筛选出 100 个国家（地区）作为贸易层节点，超过 700 条相关贸易数据作为连边，节点之间的连边权重选择各种产品的贸易数量，因为锂的氧化物和氢氧化物与碳酸锂的锂含量接近，故在网络构建时将其权重直接相加，以便在风险仿真中在两种产品之间进行权重转换。模型其他参数确定方法与 6.1 节相似。

6.2.2 风险仿真情景设计

在风险仿真情景设计部分，本节选择世界前三大基础锂产品出口国阿根廷、智利和中国分别作为突发风险源节点，通过搜集评估历年关于锂矿资源突发风险相关的网络新闻，分别设定风险等级 ΔL 为 30%、50% 和 80%，价格指数变化分别为 2%、5% 和 8%，设计构建如表 6.3 所示的 27 种风险情景，通过 Matlab 2016b 进行编程实现仿真。

表 6.3 全球基础锂产品贸易网络突发风险仿真情景设计

风险情景	风险源国家（地区）	风险等级 ΔL（%）	价格指数变化 $\Delta = h\%$	其他参数
1/10/19			2	
2/11/20		30	5	
3/12/21			8	
4/13/22			2	增产速率 $\alpha = 5\%$；恢复速率 $\beta = 10\%$
5/14/23	阿根廷/智利/中国	50	5	
6/15/24			8	
7/16/25			2	
8/17/26		80	5	
9/18/27			8	

6.2.3 主要节点国家（地区）的仿真结果

通过本书所提出的风险仿真模型进行多次仿真实验，得出全球基础锂产品贸易网络主要国家（地区）在突发风险中所受到的损失情况，图中各国的损失情况用百分比表示，表示在一次突发风险中，各阶段所受进口损失的总和占该国原始进口数量的比例。图 6.4、图 6.5、图 6.6 分别为风险源阿根廷、智利和中国的风险情景下，与风险源节点直接连接的主要国家（地区）仿真结果。当风险来源与风险等级固定时，全球基础锂产品价格指数的波动对于各国损失的影响并不显著，这与战略性矿产资源在各国产业中的重要地位和突发风险的短时效应有关，各国在突发风险中对战略性矿产资源的进口需求不会因价格的变化而产生显著变化。在所有受突发风险影响国家（地区）的最终结果中，影响节点国家（地区）损失最显著的因素是风险水平、风险来源和TCI指数，风险水平和风险来源对损失的影响最大，所有场景中各国的最终损失都随着风险等级的上升而呈现阶梯上升趋势。然而突发风险来源和风险等级都是无法控制的因素，不随主观因素改变，因此，最显著的影响因素是各国的贸易竞争能力指数TCI，TCI指数在供给短缺情景下对节点的抗风险能力有最显著的影响。在风险传导过程中，节点的贸易竞争能力指数TCI随着竞争对象而不断改变，这与客观情况相符，因此，在不同的风险传导阶段，相同国家（地区）会有不同的贸易竞争指数计算结果。

如图6.4所示，当风险来源为阿根廷时，阿根廷的主要基础锂产品出口对象有中国、日本、韩国、俄罗斯和美国，在各情景的仿真结果曲线中，各国进口损失情况均呈现阶梯上升趋势，主要受风险等级的上升所影响。在所有国家（地区）的损失情况横向对比中，日本的进口损失明显高于其他国家（地区），而中国的进口损失最小，因为中国不仅是主要基本锂产品进口国，并且也是最大的出口国之一，这使中国在遭受进口损失时，不仅具有非常高的贸易竞争能力，获得更大的市场份额，而且能够通过减少出口份额来转移绝大部分损失。不仅在图6.4所示的风险情景1~9中，在所有情景中都出现了同样的情况，每一种情景都有不同的风险来源，这表明通过增加进口国家（地区）的贸易进口竞争能力指数TCI，贸易中介能力使进口国具有更大的抗风险能力。相比之下，日本作为基础锂产品的消费大国，贸易中介能力较弱，其再出口份额极小，对其贸易竞争能力有较大不利影响，直接导致在突发风险传导中损失较大。

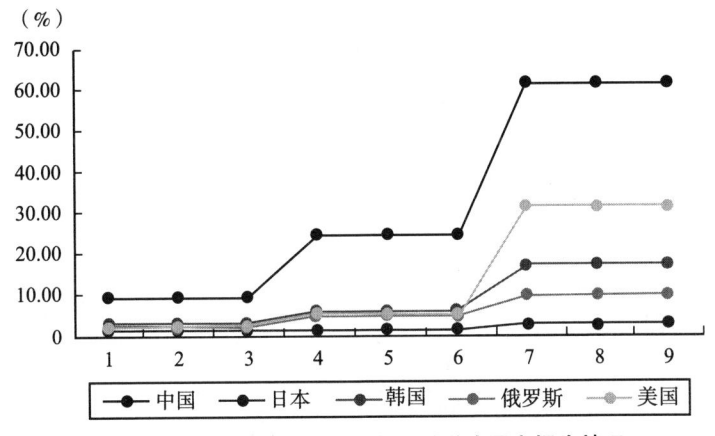

图 6.4 风险源为阿根廷时主要受影响国家损失情况

如图 6.5 和图 6.6 所示，风险源为智利和中国的风险仿真情景中，与各风险源节点直接相连的多个国家（地区）的进口损失情况均呈现阶梯状，风险水平相同的情况下损失情况无显著变化，即风险水平的变化对结果的影响最大。当风险来自智利时，主要的出口对象加拿大、比利时、中国、德国、日本、韩国和美国中，加拿大的损失情况明显高于其他六国，是智利所有出口对象中损失最大的。当风险源为智利时，日本、比利时、美国和德国的贸易竞争能力和进口结构均相似，从仿真结果可知这四个国家（地区）的损失也类似。与风险源为阿根廷的仿真情况类似，中国通过减少出口转移了大部分进口损失，是七国中损失最小的国家（地区）。

图 6.6 是以中国作为风险源的情景仿真结果，中国的主要出口对象有日本、韩国、美国、印度、俄罗斯、泰国和加拿大，与其他四个国家（地区）相比，三个亚洲国家（地区）日本、韩国、印度在几个贸易时期都遭受了严重的进口损失，主要原因是这三个国家（地区）在基础锂产品的进口上严重依赖中国，并且其贸易中转能力较弱，均为基础锂产品的消费国，从仿真结果来看这三个国家（地区）的贸易竞争能力较弱，同时表明基础锂产品贸易存在一定的区域集中化。

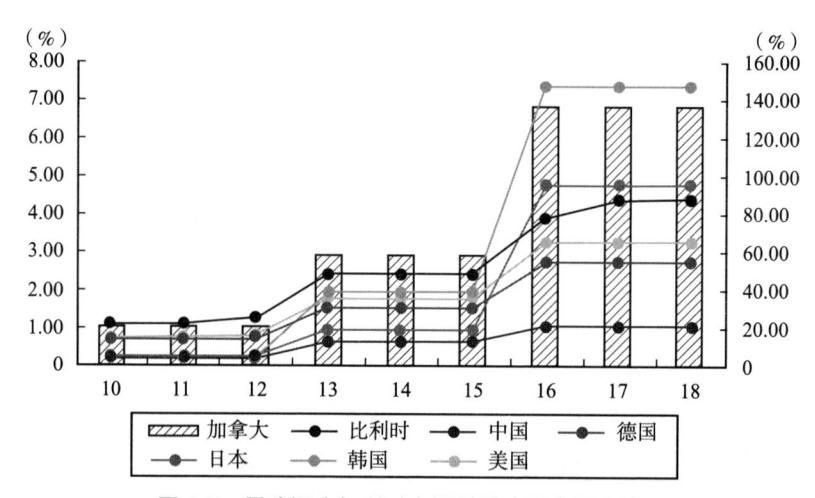

图 6.5　风险源为智利时主要受影响国家损失情况

注：柱状图对应右侧坐标轴。

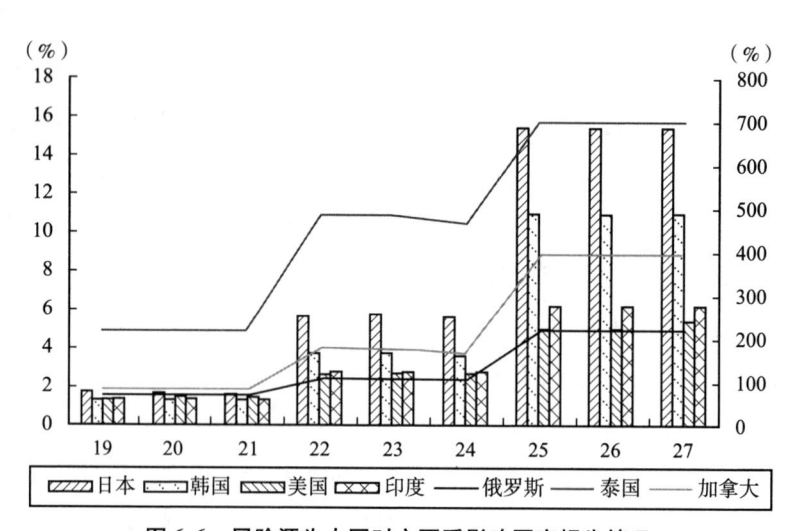

图 6.6　风险源为中国时主要受影响国家损失情况

注：柱状图对应右侧坐标轴。

表 6.4 和图 6.7 是应用不同风险源节点情景下仿真所获结果进行韧性计算的结果，计算得出的各国韧性值及其雷达图。

表 6.4　不同风险源情景下主要受影响国家节点韧性值

风险源	相关进口国韧性值						
阿根廷	中国	日本	韩国	俄罗斯	美国		
	−1.1908	−1.9558	−2.6011	−1.2272	−2.6582		
智利	比利时	加拿大	中国	德国	日本	韩国	美国
	−1.3284	−1.8974	−1.1968	−1.3943	−4.0052	−3.6282	−1.4633
中国	日本	韩国	美国	印度	俄罗斯	泰国	加拿大
	−2.212	−2.6672	−1.2660	−1.5188	−1.1458	−1.2001	−1.6021

（a）风险源：阿根廷

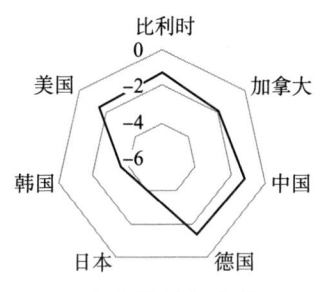

（b）风险源：智利

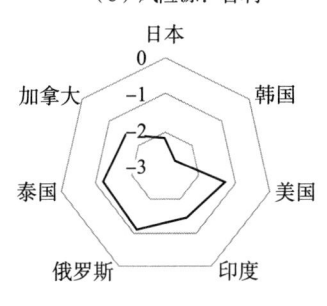

（c）风险源：中国

图 6.7　不同风险源情景下主要受影响国家节点韧性值

图 6.7 展示的是运用本书所提出的研究框架进行风险仿真，并应用风险仿真结果计算所获得的，在不同风险来源下主要贸易进口国家（地区）的节点韧性评价结果。当风险源为阿根廷时，俄罗斯的韧性仅次于中国，这与当风险源为智利或中国时的风险情况有所不同，因此阿根廷对于俄罗斯来说具有更小的基础锂产品供给安全影响，俄罗斯在面对来自阿根廷更多突发风险时，具有较好的节点韧性。阿根廷的其他主要出口对象中国、日本、韩国和美国相比俄罗斯韧性较低，当来自阿根廷的突发风险每上升1%，日本所遭受的进口损失将上升1.96%，韩国和美国则分别上升2.60%和2.66%。当风险来源自智利，智利基础锂产品主要出口国中，美国、比利时、加拿大、中国和德国的韧性均较高，基本均保持在 -1.5 和 -1 之间，而韩国和日本因贸易中转能力较弱，对智利基础锂产品的进口依赖较高，其节点韧性均较低。当风险来自中国，在中国的主要出口国中，泰国、美国和俄罗斯的节点韧性最高，接近 -1，而日本和韩国的节点韧性仅达到 -2.21 和 -2.67，远低于美国的 -1.27、印度的 -1.52、泰国的 -1.2 和俄罗斯的 -1.15。

6.3 本章小结

本章基于构建的多层复杂网络的供应链网络模型及风险传导模型，对全球镍矿产业链6种产品贸易网络和基础锂产品贸易网络进行了多风险情景仿真，并基于仿真结果进行主要贸易节点韧性评估。

我国锂矿产品高度依赖进口，基础锂产品生产能力较高。主要影响基础锂产品进口损失规模的因素是风险来源、风险水平、节点贸易竞争能力，然而价格因素在突发风险的传导中对节点损失没有显著的影响。韧性评价结果表明同一国家（地区）根据风险源的不同可能具有不同的恢复力，这与理论分析是一致的。

第7章 战略性矿产资源贸易网络韧性提升策略

战略性矿产资源是经济社会高质量发展必不可少的物质基础，特别是锂、钴、镍等能源金属，在实现"双碳"目标过程中扮演着重要的角色。以制造业升级为主的经济发展战略成为世界各国共同的选择，由此资源争夺愈演愈烈。战略性矿产资源普遍存在时空分布严重不均衡的特点，令资源消耗大国不得不依靠国际贸易来维持资源供给。根据本书研究结果和战略性矿产资源供给安全相关理论，从战略性矿产资源强链、补链、延链三个方面提出以下政策建议，提升我国在战略性矿产资源贸易网络中的韧性，巩固和加强战略性矿产资源保障能力。

7.1 强　　链

所谓"强链"，就是进一步锻造长板，让长板变得越来越长，增强发展主动权，做强优势集群，拥有一批优势长板是产业链供应链现代化的重要标志。锻长板，就是要在更高水平的开放合作中巩固提升产业优势的国际竞争力和影响力，成为战略性矿产资源全球供应链体系中不可或缺的组成部分。

7.1.1 构建完善现代化战略性矿产资源产业体系，实现全产业链可控优势

我国拥有世界上最完整的工业体系，是全球工业门类最齐全的国家之一，是全球产业链供应链的重要参与者与维护者。完整的产业体系为我国制造业带来了极强的韧性，也成为我国国家实力的重要保障之一。借鉴我国制造业韧性提升成功路径，面对战略性矿产资源供给安全问题，构建完善完整的现代化战略性矿产资源产业体系，无疑具备重要的战略价值。

战略性矿产资源产业链多数较长，对其开发利用涉及上游勘探开发以及采掘和洗选等粗加工、中游加工和产品制造、下游行业应用和循环利用等多个环节的物质流动，其中涉及的技术创新门槛较多，多数国家囿于资源、技术、资金、管理等因素，难以覆盖战略性矿产资源全产业链的规模生产，形成全产业链规模优势。中国有着其他国家难以企及的制度优势，敢于善于集中力量干大事，面对新变局、新挑战，着力提升战略性矿产资源产业链供应链韧性和安全水平，形成具有自主可控、稳定畅通、安全可靠、抗击能力的产业链供应链，具有先天优势。

因此，应从国家层面出发，整合矿产资源行业资源，进一步通过宏观政策调整，调动市场力量构建完善现代化战略性矿产资源产业体系，集中资源完善战略性矿产资源相关产业，形成上下游协助、大中小融通发展的产业生态。强化区域间、上下游协调联动，保障产业链供应链稳定畅通，把握新一轮科技革命和产业变革新机遇，切实保障我国战略性矿产资源产业链供应链安全稳定。积极参与全球高端产业链供应链关键环节竞争，通过规模优势、技术优势、产业链覆盖优势巩固和提升战略性矿产资源中下游产品的国际竞争力，掌握战略性矿产资源价值链核心产品，提升其在国际市场的供给份额，倒逼战略性矿产资源上游产品的安全供给。

7.1.2 优化进口结构，多层次建设战略性矿产资源供给安全冗余

在增加来源的基础上，均衡化各个进口来源国在本国进口总额中的比重，避免进口过于依赖某单一来源，对于国家资源供给安全的提升具有重要意义。自然灾害、国际政治局势、地缘政治等突发风险导致的供给中断层出不穷，过于单一的进口来源不利于供应网络韧性的提升，容易导致战略性矿产资源供应安全对于某一特定风险源的节点过于脆弱，成为国家资源安全的"致命点"。

构建国家和企业共同参与，产品储备和资源地储备相结合的矿产资源储备体系。通过建立健全战略性矿产资源战略储备体制机制、增加再出口规模以提升资源应急保障能力，实施新一轮找矿突破战略行动，实现找矿增储，强化国内储备资源的"压舱石"作用和基础保障能力，建立更多的安全冗余，在供给短缺时能够优先消耗安全冗余满足国内产业需求，不仅能够提高中国在上游出口国所占的出口份额，获得更大的规模优势，成为更重要的进口国以达到更高话语权，而且能够在再出口中获取对下游国家的资源话语权，在突发风险传导中获得缓冲，优先保障自身需求。

例如，中国与世界六大主要镍出产国均有贸易进口联系，但规模差异较大，镍矿石、镍锍等上游产品主要依赖菲律宾和印度尼西亚，所占比例超过90%，第三大进口来源新喀里多尼亚所占份额仅5%左右，进口结构极不均衡，导致菲律宾与印度尼西亚对于中国镍进口影响能力较大。而中国碳酸锂的进口严重依靠智利和阿根廷，与两国之间的贸易紧密度有一定波动，其中有矿石产量稳定性以及国际运输成本的原因，但中国战略性矿产资源来源结构应提前布局优化，扩大其他进口来源的权重，特别是类似印度尼西亚提出的禁止镍矿石出口以保护本国产业发展的政策，更对中国战略性矿产资源进口安全造成了严重影响。同时中国应缩短与风险少发的进口来源国家的最短连接距离，减少连通路径中其他国家所带来的中间风险。着力通过海外投资

入股矿山、购买采矿权的方式，提高与风险频发的进口来源国家的连接可靠性。

7.1.3 建立健全战略性矿产资源全球供给形势分析、安全评价、危机预警和预案响应机制

战略性矿产资源在新一轮的国力竞争中处于核心争夺地位，对战略性矿产资源的掌控能力在各国经济社会高质量发展中有着战略支撑作用，因此在地缘政治形势风起云涌、世界经济蓄力好转的后疫情时代，战略性矿产资源全球供给格局不断融入政治因素、竞争因素，逐渐转化为一个零和游戏。对战略性矿产资源贸易格局的深入分析是分析资源供给宏观形势的重要切入点，而把握其宏观供给形势是保障资源安全的基础和前提。

应将战略性矿产资源的稳定供给问题上升到国家安全的角度，从国家应急管理工作机制出发，通过制度化建设，不断优化战略性关键矿产供给风险管理框架，建立常态化战略性矿产资源全球供给格局分析，综合考虑全球产业布局、环境保护、地缘政治、技术创新等对战略性矿产资源供需形势的影响，构建科学有效的矿产资源供给安全评价方法体系，判断供给安全态势，针对可能发生的价格波动、供给中断、需求突变等建立预警机制，通过完善风险动态评估管理框架实时监测国家战略性矿产资源供给安全，并相应建立风险响应预案，全面提高国家战略性矿产资源供给应急响应能力，保障国家大安全。

7.2 补 链

2022 年工业和信息化部、科技部、自然资源部联合印发《"十四五"原材料工业发展规划》，重点明确了我国中低端产品严重过剩与高端产品供给不足并存，关键材料核心工艺技术与装备自主可控水平不高，绿色低碳发展

任重道远，数字化水平难以有效支撑高质量发展，关键战略资源保障能力不强等亟待解决的短板和瓶颈问题。

所谓"补链"，就是补齐短板和弱项，确保关键时候不"掉链子"。加强国际合作、区域合作、产业协同，补齐突出短板和弱项，改变以往集中关注上游，忽视中下游的思维模式，以战略性矿产资源产业价值链为导向，遍历全链条各个环节的薄弱点、脆弱点、核心点，提升我国应对各种复杂形势下的资源安全保障能力。

7.2.1 全面推进资源外交战略，实现资源供给多元化

战略性矿产资源普遍在地理分布上具有极度不均衡性和高度集中性，在对其的全球争夺中，各大资源出口国已经成为全球争夺者的热点关注目标，基于地缘政治、国家间伙伴关系的政治交换型合作、垄断型合作层出不穷。我国作为矿产资源消费大国，每年向世界进口大量各级矿产品，但因"中国威胁论"等政治原因，导致以美国为首的北约各国长期将对华大额矿产资源出口作为政治筹码，甚至通过政治手段威逼利诱阻挠其他资源出口国的对华出口，因此中国作为世界矿产资源的大额买家长期处于资源话语权缺失状态。2022年11月，中矿资源、藏格矿业、盛新锂能三家中国企业被要求剥离在加拿大所投资的锂矿资产的"黑天鹅"事件就是典型案例。

这种贸易合作关系的复杂性、波动性令增加资源进口来源极具困难，越来越需要大型矿业企业抱团竞争，以及国家层面的合作磋商。采用灵活多元的方式获取海外矿产资源已经成为全球各大经济体普遍采取的资源供给策略。目前我国企业海外资源类项目运作方式主要有四类：独立投资、独立经营；投资建厂，从当地采购矿石；合作开发，共同经营；抱团合作，形成战略联盟。虽然海外矿产资源投资易受到当地政局波动、政府禁令等因素的影响，但总体来说，通过海外采矿权购买、合作开发和当地企业入股等方式增加合作黏性。

我国作为战略性矿产资源消费大国，多数矿种面临国内供应能力不足、

境外资源获取风险增加和来源通道单一等问题，应按照平等互利、合作共赢原则，进一步鼓励和加强战略性矿产资源勘查开发国际合作，优化境外投资结构和布局，规范有序参与境外资源开发，增强矿产资源全球经略能力，形成战略性矿产安全联盟，互为保障。助力中国在战略性矿产资源国际贸易地位的显著提升，以保障资源供给和相关产业链安全。

7.2.2 增加科技创新投入，持续提升战略性矿产资源绿色开发利用水平

全面提升战略性矿产资源的绿色高质量开发利用水平是一个系统性工程，既需要高瞻远瞩的顶层设计，也需要科技创新的支撑，两者共同铸就矿产资源绿色高质量开发利用创新发展体系的根基。全球战略性矿产资源供应格局受资源禀赋、科技革命、国家竞争、地缘政治、生态保护等因素的影响，正在从资源禀赋型转向技术驱动型。创新是发展的主要驱动力，技术创新令许多原来并不受重视的矿产资源逐渐在现代制造业中成为不可替代的关键原材料，而战略性矿产资源的高水平开发和应用也离不开持续的技术创新投入。

矿产资源绿色技术创新同时涉及前端开发和后端应用，是一个不断积累和发展的过程，有着巨大的创新需求和创新空间。为深入推进矿产资源开发的绿色化高质量转型，应进一步依靠绿色技术创新破解矿产资源开发中的绿色化转型难题。因此，应从理念引导、政策环境、落地渠道等多个方面入手，进一步增加技术创新的资源投入和政策投入，加强顶层设计以稳定政策环境，抓好政策落实以畅通技术应用路径，营造绿色技术创新温床；鼓励矿产资源多维利用、创新利用、循环利用等技术创新发展，在重要领域开展重点科研攻关，由点及面形成矿产资源高质量开发利用的成熟模式，引导绿色高质量生产和利用标准行业体系的建立和完善；加快建立矿产资源高质量开发利用技术创新体系，鼓励产学研深层次交流合作，打造矿产资源绿色科技创新平台，促进重点攻关、技术创新与实践应用之间

的衔接和融合。提升核心技术创新能力，守住创新发展之魂，不断加大研发投入，加快突破关键环节核心技术，进一步增强战略性矿产资源产业链供应链的韧性和稳定性。

7.2.3 全面推进战略性矿产资源二次利用、循环利用、节约利用

全面推进资源再生、循环利用产业发展，要充分发挥新型举国体制优势，通过加大投入、调动资源集中攻关，力争在相对较短的时间内掌握关键核心技术，突破短板瓶颈制约，大幅增加二次资源在资源供给总量中所占的比例；从"创新、协调、绿色、开放、共享"的新发展理念出发，以系统性全局眼光考量矿产资源开发利用全要素、全产业链的可持续性，推进再生资源的精深加工和高值化利用。

大力促进矿产资源二次利用和循环利用相关产业的发展，引导和规范传统矿产企业进行绿色化转型，提高矿产资源绿色开发利用的长期经济收益、社会收益和生态收益。调集资源集中攻关矿产资源二次利用、循环利用、梯次利用的关键技术难点；通过财税政策鼓励相关产业发展，降低企业投资门槛和成本压力；制定战略性矿产资源再生产品行业标准，保障二次资源市场的健康发展，着力推进提升二次资源产品的社会认可度。

节约资源是可持续发展的根本之策，促进资源利用效率的全面提升是必须长期坚持和完善的重点工作。在国家层面持续推进矿产资源利用效率的提升，应从源头上加强矿产资源开发的总量控制、大力推进矿产资源节约集约开发和利用，推动资源利用方式根本性升级。通过加强全过程节约管理促进资源开发利用全局性效率提升；坚持生态优先、效率优先的发展思路，以绿色创新技术为支撑，持续促进产品设计和生产工艺的效率提升，用更少的资源投入获得更高的社会经济效益，淘汰粗放低效的落后模式，促进资源利用效率的全面持续提升。

7.3 延 链

所谓"延链",是指将现有的产业链供应链尽可能向上下游领域拓深延展,实现更大范围的覆盖,以提升对产业链供应链的整体可控水平。战略性矿产资源供应网络涉及的产品多,参与主体复杂,易受复杂非贸易因素的集中影响,通过延链提升其对全产业链供应链掌控能力和对价值链核心的把握能力,对于增强产业链供应链韧性具有重要意义。

7.3.1 优化战略性矿产资源产业链供应链上游基础环节,提升找矿、勘查、采选及低品位矿石经济利用水平

提升战略性矿产资源找矿、勘查、采选及低品位矿石经济利用水平,实现找矿重大突破、攻克低品位矿石经济利用技术难点,提高国内外必要的资源保障能力,是参与全球资源配置的"压舱石",也是增强国际话语权的基石。

依靠上一轮《找矿突破战略行动纲要(2011—2020)》所积累的丰硕经验,积极响应和落实即将全面启动的新一轮战略性矿产国内找矿行动。围绕战略性矿产资源加强基础地质工作,深化矿产资源管理改革,充分发挥市场主体作用,大力推进科技创新,提高矿产资源节约与综合利用水平,推进绿色勘查和绿色矿山建设,推进形成具有相当国际竞争力的战略性矿产资源上游产品规模效应、技术优势,依靠一贯的互利共赢、合作发展的外交战略,加大国外矿产合作勘查力度,增强战略性矿产资源保障能力。

7.3.2 促进产业链中游工艺创新,促进相关配套产业、关联产业共同发展和提高

进一步梳理战略性矿产资源产业链体系,寻找产业链各级产品工艺创新

切入点，拓展主要环节的增值空间，通过形成规模效应、精益工艺流程增强对战略性矿产资源价值链核心的把控能力，形成具有竞争力的成本转嫁能力，提升对上游产品价格波动的适应能力，打造动态平衡的产业链供应链安全与韧性。

集中精力延伸中游产业链供应链覆盖范围，做好配套与关联产业的协同发展，规范和引导产业集群发展，以集群发展助推产业升级，提升国内产业构成和发展的多元化。增加战略性矿产资源产业链供应链网络节点容量和广度，提升整体网络价值和韧性，通过战略性矿产资源产业链供应链分层分类的精细化服务，提升上下游关联性和黏着力，大大提高对市场的适应能力，进而增强整个网络的风险韧性。

7.3.3 创新开发战略性矿产资源下游产品利用形式，促使产业链条向深加工方向延伸

战略性矿产资源的价值链核心处于其产业链下游产品。实现对战略性矿产资源中下游产业链的竞争优势，往往能够作为上游产品额外成本的转嫁载体，并通过规模优势获得对上游产品的议价资本，提升全产业链供给安全。应积极利用好自身的市场体量、产业规模和技术优势，不断提升管理和科技创新水平，通过增强战略性矿产资源下游产品创新应用能力，促进产业链条进一步延展优化，提高产品的经济附加值和深加工层次，提升产业链价值，做大规模、做优品牌和做强实体，从而形成增长新动能。整合国内外相关产业重点企业建立国际贸易攻守同盟，争取更高的进出口议价能力和产业竞争能力，化风险为整合资源、发展产业的机遇。

第 8 章　总结与展望

8.1　总　　结

战略性矿产资源作为高端制造业的基础，其安全问题引起了全球的广泛关注。因此对战略性矿产资源安全的研究日益增多。然而，以往的研究多集中于收益率、储备、消费和价格的状态，很少考察动态的风险传导过程。本书基于复杂网络理论，以宏观矿产资源贸易网络社区结构演化和各国对突发风险的韧性为研究对象，首先通过构建多时间切片的全球镍矿资源和锂矿资源相关产品贸易复杂网络，运用复杂网络拓扑相关指标以及复杂网络社区发现算法，对两矿种相关产品的贸易网络拓扑结构进行深入分析，揭示了其贸易网络格局的宏观情势以及网络中社区结构的演化趋势；其次模拟风险的传递过程，提出一种新的战略性矿产资源安全评估框架。通过综合考虑战略性矿产资源的贸易格局、节点异质性、社区划分及社区内节点重要性以及价格与需求的耦合联系，建立了基于多层复杂网络的供应链网络模型及风险传导模型，对原网络稳态被突发风险打破之后，战略性矿产资源供应链网络的再平衡过程提出一种新的研究框架，并结合模型设计提出了新的节点抗风险能力度量方法。

1. 镍矿产品

研究结果表明，对中国镍进口损失规模影响最大的因素是风险来源、风险规模、进口数量及需求价格弹性，从国家资源安全的角度出发，进一步的原因则是风险源国家在中国各项镍矿产品进口中所占份额的大小。中国镍储量占世界总量不足4%，却生产了全球超过60%的不锈钢和70%的锂电池，作为世界上最大的镍进口国，中国镍矿石进口来源结构极不均衡，2019年中国90%以上的镍矿石来自印度尼西亚和菲律宾地区，分别占比42.34%和53.61%，第三大矿石来源国新喀里多尼亚占比不足5%，进口来源结构的不均衡对中国镍资源安全造成了极大的隐患；相对于风险来源与风险规模，风险所造成的镍产品全球价格指数上升因素对于中国进口损失影响相对较小，因为从历史数据来看，中国镍产业份额在全球占比较大，规模效应明显，因此对矿石价格的敏感程度相对不高，因其镍产业的全球地位，能够将原材料的上涨成本分散到产业链下游，有较强的产业竞争力。

在通过对各风险情景分贸易周期的中国镍进口损失进行分析后，发现在某些情景的风险演化后期，中国对部分镍矿产品一个贸易周期内的进口规模已经恢复甚至超过原始状态。分析可知，风险对于整个网络中的所有参与国家（地区）都是有相当大的影响，或是通过直接的贸易联系承担风险，或是通过价格的变化间接受到影响。当风险来源分别为中国最大的两个镍贸易伙伴印度尼西亚和菲律宾时，其风险规模每上升1%，中国因此而承受的镍进口损失规模将分别上升1.74%和1.77%，中国镍矿产品进口贸易在面对来自菲律宾的供应风险时，其节点韧性更低，这与菲律宾占中国总进口份额超过五成的原因不无关系。因产业链的依赖关系，风险通过贸易联系迅速扩散到整个网络中，发生供应风险的产品在产业链中越靠近上游，对贸易网络的影响范围就越广；同时可以注意到，每个国家（地区）在突发风险中所经历的周期数是不一样的，这与各个国家（地区）在镍矿产品贸易网络中的主要贸易产品种类相关，同时也受国家（地区）本身的需求价格弹性、贸易规模、贸易结构等因素影响。

2. 基础锂产品

首先，2019年数据建立的贸易网络显示，智利和中国是迄今为止全球最大的基础锂产品出口国，阿根廷是第三大出口国（2.32亿美元），这三个国家出口的锂产品占全球基础锂产品的85.4%以上。尽管中国是世界上最大的锂消费国，锂储量约为450万吨，仅占世界总储量的6%，但仍是世界第二大基本锂产品出口国。我国锂矿产品高度依赖进口，基础锂产品生产能力较高。

其次，2010年、2013年、2016年和2019年的基础锂产品网络分别划分为8个、6个、5个和4个社区。从2010年开始，由于市场的演变，许多小进口国家开始加入大的社区，一些重要贸易国家（地区）也不断在改变社区。2010年以后，由于资源储备优势、规模效应优势和马太效应，基础锂产品产业链更加专业化，交易网络趋于稳定，社区数量减少。研究发现，中国和智利在基础锂产品出口中占主导地位，占全球总贸易的32%以上。尽管阿根廷拥有全球最大的锂资源储量，但其基本锂产品生产能力较低。

最后，使用本书所提出的研究框架，在对全球基础锂产品贸易网络进行多场景风险仿真后，结果发现影响基础锂产品进口损失规模的主要因素是风险来源、风险等级，节点贸易竞争力和进口规模，然而，价格因素在风险传导过程中对节点国家（地区）的损失没有显著的影响。虽然风险源、风险等级对损失的影响最大，但是这些都是无法控制的因素。最主观和最重要的因素是贸易竞争能力，它决定了一个国家（地区）在供应短缺时所能获得的份额。仿真结果表明，对节点国家（地区）所受损失影响最大的是贸易中转能力，因为贸易中转能力使各国（地区）能够通过减少出口和提高出口价格来直接转移其进口损失和额外成本。对主要进口国（地区）的风险损失评估发现，同一国家（地区）根据风险源的不同可能具有不同的恢复力，这与理论分析是一致的。中国在面对来自智利的风险时比面对来自阿根廷的风险时具有更好的风险抵御能力，中国对于基础锂产品的贸易掌控能力较强，因为中国不仅是世界主要进口国，也是最主要的出口国之一，具有最强的贸易中转能力。然而，日本和韩国在这三个来源中风险抵御能力最低，因为这两个国家都是大型的基础锂产品消费国家，贸易中转能力低，造成它们的贸易竞争力都很低。

8.2 研究展望

在撰写过程中，因数据可获得性及战略性矿产现实贸易网络的复杂性等问题，在构建贸易网络模型和对风险传导过程的建模过程中仍然存在着很多不足，仍有较大的进步空间。回顾全书，整理出以下几点不足，以便在未来能够进一步完善研究。

（1）在风险传导机制建模中，虽然综合考虑了战略性矿产资源在自然贸易中所形成的社区结构对各个节点在风险传导过程中的影响，但现实情况中，有些国家之间的贸易联系不仅不是一成不变，而且是极为波动的，在风险传导过程中，这样的国家联系用社区来解释并不完备。

（2）受限于数据可获得性，本书在研究中仅选择了镍和锂矿产业链中的部分产品，缺少全生命周期的物质流研究的全面性，在未来研究中，应进一步加以深入和全面地扩展研究。

参 考 文 献

[1] 安海忠,陈玉蓉,方伟. 国际石油贸易网络的演化规律研究:基于复杂网络理论 [J]. 数学的实践与认识,2013 (22):57-64.

[2] 安海忠,李华姣. 战略性矿产资源全产业链理论和研究前沿 [J]. 资源与产业,2022,24 (1):8-14.

[3] 白玫. 欧盟产业链供应链韧性政策研究 [J]. 价格理论与实践,2022,459 (9):71-77,205.

[4] 柴变芳,贾彩燕,于剑. 基于统计推理的社区发现模型综述 [J]. 计算机科学,2012,39 (8):1-7,30.

[5] 柴变芳,于剑,贾彩燕,等. 一种基于随机块模型的快速广义社区发现算法 [J]. 软件学报,2013,24 (11):2699-2709.

[6] 陈甲斌,霍文敏,冯丹丹,等. 中国与美欧战略性(关键)矿产资源形势分析 [J]. 中国国土资源经济,2020,33 (8):9-17.

[7] 陈群,黄骞,陈哲,等. 基于贝叶斯网络的地铁工程系统韧性评价 [J]. 中国安全科学学报,2018,28 (11):98-103.

[8] 陈晓红,唐立新,余玉刚,等. 全球变局下的风险管理研究 [J]. 管理科学学报,2021,24 (8):115-124.

[9] 成金华,汪小英. 工业化与矿产资源消耗:国际经验与中国政策调整 [J]. 中国地质大学学报(社会科学版),2011,11 (2):23-27.

[10] 成金华,朱永光,徐德义,等. 产业结构变化对矿产资源需求的影响研究 [J]. 资源科学,2018,3 (40):558-566.

[11] 成金华,易佳慧,吴巧生. 碳中和、战略性新兴产业发展与关键

矿产资源管理［J］．中国人口·资源与环境，2021，31（9）：135－142．

［12］程紫运，吕明卉，田云飞，等．基于结构熵的电力骨干通信网抗毁性研究［J］．电力系统保护与控制，2020，48（5）：112－118．

［13］邓光君．国家矿产资源安全理论与评价体系研究［D］．北京：中国地质大学，2006．

［14］董雪松，黄健柏，钟美瑞，等．技术进步对关键金属矿产需求影响的研究综述［J］．资源科学，2020，42（8）：1592－1603．

［15］窦炳琳，张世永．复杂网络上级联失效的负载容量模型［J］．系统仿真学报，2011，23（7）：1459－1463．

［16］段东立，吴俊，邓宏钟，等．基于可调负载重分配的复杂网络级联失效模型［J］．系统工程理论与实践，2013，33（1）：203－208．

［17］冯璐．弹性城市视角下的风暴潮适应性景观基础设施研究［D］．北京：北京林业大学，2015．

［18］郭晓茜，李建武．国外研究机构战略性矿产评价方法综述［J］．中国矿业，2017，26（9）：25－32．

［19］郝晓晴．钢铁国际贸易多层网络供给风险传播机制研究［D］．北京：中国地质大学，2019．

［20］韩增林，仝燕波，王耕．中国海洋生态安全时空分异及演化趋势研究［J］．地理科学，2022，42（7）：1166－1175．

［21］何奕，童牧，吴珊．复杂金融网络中的系统性风险与流动性救助：基于不同网络拓扑结构的研究［J］．系统工程理论与实践，2019，39（6）：1385－1393．

［22］黄英艺，刘文奇．物流网络级联失效下的抗毁性分析［J］．计算机工程与应用，2015（21）：12－17．

［23］计启迪，刘卫东，陈伟，等．基于产业链的全球铜贸易网络结构研究［J］．地理科学，2021，41（1）：44－54．

［24］金永红，章琦．中国风险投资网络的网络特性与社团结构研究［J］．系统工程学报，2016，31（2）：166－177．

[25] 康红普, 谢和平, 任世华, 等. 全球产业链与能源供应链重构背景下我国煤炭行业发展策略研究 [J]. 中国工程科学, 2022, 24 (6): 26-37.

[26] 李建武, 马哲, 李鹏远. 美欧关键矿产战略及其对我国的启示 [J]. 中国科学院院刊, 2022, 37 (11): 1560-1565.

[27] 李华姣, 安海忠, 齐亚杰. 基于产业链国际贸易网络的中国优势矿产资源全球贸易格局和竞争力——以钨为例 [J]. 资源科学, 2020, 42 (8): 1504-1514.

[28] 李鹏飞, 杨丹辉, 渠慎宁, 等. 稀有矿产资源的战略性评估——基于战略性新兴产业发展的视角 [J]. 中国工业经济, 2014 (7): 44-57.

[29] 李姝, 杨华, 宋波. 多层供应链网络中欠载失效和过载级联失效的协同演化研究 [J]. 计算机科学, 2021, 48 (10): 351-358.

[30] 李文昌, 李建威, 谢桂青, 等. 中国关键矿产现状、研究内容与资源战略分析 [J]. 地学前缘, 2022, 29 (1): 1-13.

[31] 李宪海, 王丹, 吴尚昆. 我国战略性矿产资源评价指标选择: 基于美国、欧盟等战略性矿产名录的思考 [J]. 中国矿业, 2014, 23 (4): 30-33.

[32] 李晓铭. 浅析我国中小企业对外进出口贸易中风险的规避策略 [J]. 现代营销 (经营版), 2020 (1): 38.

[33] 李永立, 陈杨, 樊宁远, 等. 考虑个体效用因素的社会网络演化分析模型 [J]. 管理科学学报, 2018, 21 (3): 41-53.

[34] 李勇, 管昌生. 基于BIM技术的工程项目信息管理模式与策略 [J]. 工程管理学报, 2012, 26 (4): 17-21.

[35] 林樱子, 彭翀, 王宝强. 基于传播模拟的国土开发空间网络结构韧性优化 [J]. 自然资源学报, 2021, 36 (9): 2193-2204.

[36] 刘纯霞, 舒彤, 汪寿阳, 等. 基于小世界网络的供应链中断风险传导路径研究 [J]. 系统工程理论与实践, 2015. 35 (3): 608-615.

[37] 刘景卿, 车维汉, 夏方杰. 全球价值链贸易网络分析与国际风险传导应对 [J]. 管理科学学报, 2021, 24 (3): 1-17.

[38] 刘思,刘海,陈启买,等.基于网络表示学习与随机游走的链路预测算法[J].计算机应用,2017,37(8):2234-2239.

[39] 刘晓星,张旭,李守伟.中国宏观经济韧性测度——基于系统性风险的视角[J].中国社会科学,2021(1):12-32,204.

[40] 龙如银,杨家慧.国家矿产资源安全研究现状及展望[J].资源科学,2018,40(3):465-476.

[41] 穆俊芳,梁吉业,郑文萍,等.面向复杂网络的节点相似性度量[J].计算机科学与探索,2020,14(5):749-759.

[42] 倪浩,昭东.关键矿产资源成大国博弈新"战场"[N].环球时报,2023-01-20(007).

[43] 彭翀,林樱子,顾朝林.长江中游城市网络结构韧性评估及其优化策略[J].地理研究,2018,37(6):1193-1207.

[44] 邵斐,张永锋,真虹.中国进口铁矿石海运网络抗毁性仿真[J].交通运输系统工程与信息,2022,22(1):311-321.

[45] 单晓菲,米传民,马静.基于选择性随机游走的协同过滤推荐算法研究[J].中国管理科学,2014,22(S1):73-78.

[46] 单宇,许晖,周连喜,等.数智赋能:危机情境下组织韧性如何形成?:基于林清轩转危为机的探索性案例研究[J].管理世界,2021,37(3):84-104,7.

[47] 沈镭,何贤杰,张新安,等.我国矿产资源安全战略研究[J].矿业研究与开发,2004(5):6-12.

[48] 史超亚,高湘昀,孙晓奇,等.复杂网络视角下的国际铝土矿贸易演化特征研究[J].中国矿业,2018,27(1):57-62.

[49] 隋聪,王宪峰,王宗尧.银行间债务网络流动性差异对风险传染的影响[J].管理科学学报,2020,23(3):65-72.

[50] 孙天阳,肖皓,孟渤,等.制造业全球价值链网络的拓扑特征及影响因素——基于WWZ方法和社会网络的研究[J].管理评论,2018,30(9):49-60.

[51] 覃璇，李仲学，赵怡晴．尾矿库风险演化复杂网络模型及关键隐患分析 [J]．系统工程理论与实践，2017，37（6）：1648-1653．

[52] 宋建军，王国平．"双碳"背景下保障关键矿产供应链安全的思考 [J]．中国国土资源经济，2022，35（8）：4-9．

[53] 汤霞，匡海波，郭媛媛．基于复杂网络的上海出口集装箱运价指数波动传导特征研究 [J]．管理评论，2021，33（2）：289-297．

[54] 唐亮，何杰，靖可．关联供应链网络级联失效机理及鲁棒性研究 [J]．管理科学学报，2016，19（11）：33-44，62．

[55] 汪云甲．经济全球化下的矿产资源安全 [J]．煤炭学报，2002，27（5）：449-453．

[56] 王昶，宋慧玲，左绿水，等．国家金属资源安全研究回顾与展望 [J]．资源科学，2017，39（5）：805-817．

[57] 王登红．战略性矿产的研究意义、矿种厘定、资源属性、找矿进展、存在问题及主攻方向 [J]．地质学报，2019，93（6）：1189-1209．

[58] 王纲金，吴昊钰，谢赤．基于多层关联网络的投资组合优化研究 [J]．系统工程理论与实践，2022，42（4）：937-957．

[59] 王建伟，荣莉莉．基于负荷局域择优重新分配原则的复杂网络上的相继故障 [J]．物理学报，2009，58（6）：3714-3721．

[60] 王曙光，王彬．矿产资源依赖型区域的经济转型与营商环境优化：内生增长视角 [J]．改革，2020（6）：87-99．

[61] 王文宇，贺灿飞，任卓然．中国矿产资源贸易网络演化 [J]．自然资源学报，2021，36（7）：1893-1908．

[62] 王兴隆，苗尚飞．空域扇区网络结构特性分析及韧性评估 [J]．北京航空航天大学学报，2021，47（5）：904-911．

[63] 王耀宁，张强．国际贸易风险规避策略探讨 [J]．中国高新技术企业，2009（1）：12-13．

[64] 王英聪，肖人彬．基于欠载失效的供应链网络级联失效建模 [J]．计算机集成制造系统，2020，26（5）：1355-1365．

[65] 王泽宇,张如昕,王焱熙.中国与周边国家盐业和盐化工业贸易网络演化与驱动机制[J].经济地理,2022,42(2):143-152.

[66] 王永中.资源国关键矿产博弈的新动向及可能影响[J].人民论坛,2022(15):90-95.

[67] 魏冶,修春亮.城市网络韧性的概念与分析框架探析[J].地理科学进展,2020,39(3):488-502.

[68] 吴德胜,曹渊,汤灿,等.分类管控下的债务风险与风险传染网络研究[J].管理世界,2021,37(4):35-54.

[69] 吴浩田,翟国方.韧性城市规划理论与方法及其在我国的应用——以合肥市市政设施韧性提升规划为例[J].上海城市规划,2016(1):19-25.

[70] 吴建功.国际贸易风险管理理论研究的评述与展望[J].经济学动态,2008(7):80-84.

[71] 肖琴.复杂网络在股票市场相关分析中的应用[J].中国管理科学,2016,24(S1):470-474.

[72] 肖智文,王国庆,朱建明,等.面向突发事件的电网韧性能力评价及构建方法[J].系统工程理论与实践,2019,39(10):2637-2645.

[73] 谢丰,程苏琦,陈冬青,等.基于级联失效的复杂网络抗毁性[J].清华大学学报(自然科学版),2011,51(10):1252-1257.

[74] 邢茹茹.城市区域路网级联失效主动防控理论及方法研究[D].长春:吉林大学,2018.

[75] 徐德义,朱永光.能源转型过程中战略性矿产资源安全回顾与展望[J].资源与产业,2020,22(4):1-11.

[76] 徐德义.构建战略性矿产资源产业链供应链安全体系[N].中国社会科学报,2022-08-24(03).

[77] 杨青,邹星琪,李兆超.基于复杂网络和随机游走算法的研发项目组合风险分析[J].系统工程理论与实践,2020,40(7):1832-1843.

[78] 印中华,李剑泉,田禾,等.欧盟木材法案对林产品国际贸易的影响及中国应对策略[J].农业现代化研究,2011,32(5):537-541.

[79] 于宏源. 全球能源形势重大变化与中国的国际能源合作 [J]. 人民论坛·学术前沿, 2017 (7): 82-90.

[80] 袁鹏程, 隽志才. 基于 ART 及多风险规避的交通网络均衡模型 [J]. 管理科学学报, 2017, 20 (4): 101-112.

[81] 袁小晶, 马哲, 王安建, 等. 中国钴供应链风险与控制力评价 [J]. 地球学报, 2023, 44 (2): 351-360.

[82] 张所续, 周季鑫. 能源转型进程中的关键矿产安全 [J]. 中国国土资源经济, 2022, 35 (1): 22-28, 78.

[83] 张靖佳, 姜小雨, 孙浦阳. 贸易风险与价格离散: 基于企业——产品级别的验证 [J]. 世界经济研究, 2015 (12): 89-99, 126.

[84] 赵敏, 王国平, 窦树艳, 等. 美、日矿产资源储备的借鉴与思考 [J]. 中国矿业, 2017, 26 (9): 45-48, 66.

[85] 郑人瑞, 唐金荣, 周平, 等. 我国锂资源供应风险评估 [J]. 中国矿业, 2016, 25 (12): 30-37.

[86] 郑艳. 推动城市适应规划, 构建韧性城市——发达国家的案例与启示 [J]. 世界环境, 2013 (6): 50-53.

[87] 曾宇, 肖人彬. 无标度网络弹性的熵优化 [J]. 系统工程学报, 2013, 28 (2): 143-150.

[88] 翟明国, 胡波. 矿产资源国家安全、国际争夺与国家战略之思考 [J]. 地球科学与环境学报, 2021, 43 (1): 1-11.

[89] 郑啸, 罗军舟, 曹玖新, 等. 面向机会社会网络的服务广告分发机制 [J]. 计算机学报, 2012, 35 (6): 1235-1248.

[90] Arenas A, Díaz-Guilera A, Kurths J, et al. Synchronization in complex networks [J]. *Physics Reports*, 2008, 469 (3): 93-153.

[91] An H, W Zhong, Y Chen, et al. Features and evolution of international crude oil trade relationships: A trading-based network analysis [J]. *Energy*, 2014 (74): 254-259.

[92] Asif M, Muneer T. Energy supply, its demand and security issues for

developed and emerging economies [J]. *Renewable and Sustainable Energy Reviews*, 2007, 11 (7): 1388 – 1413.

[93] Aslam H, Khan A Q, Rashid K, et al. Achieving supply chain resilience: The role of supply chain ambidexterity and supply chain agility [J]. *Journal of Manufacturing Technology Management*, 2020 (31): 1185 – 1204.

[94] Barabási A L, Albert R. Emergence of scaling in random networks [J]. *Science*, 1999, 286 (5439): 509 – 512.

[95] Berlingerio M, Coscia M, Giannotti F, et al. Multidimensional networks: Foundations of structural analysis [J]. *World Wide Web*, 2013, 16 (5 – 6): 567 – 593.

[96] Berlingerio M, Pinelli F, Calabrese F. ABACUS: Frequent pattern mining-based community discovery in multidimensional networks [J]. *Data Mining and Knowledge Discovery*, 2013 (27): 294 – 320.

[97] Blondel V D, Guillaume J L, Lambiotte R, et al. Fast unfolding of communities in large networks [J]. *Journal of Statistical Mechanics: Theory and Experiment*, 2008 (10): 10008.

[98] Blum H, Legey L F L The challenging economics of energy security: Ensuring energy benefits in support to sustainable development [J]. *Energy Economics*, 2012 (34): 1982 – 1989.

[99] Boccaletti S, Latora V, Moreno Y, et al. Complex networks: Structure and dynamics [J]. *Physics Reports*, 2006, 424 (4 – 5): 175 – 308.

[100] Buldyrev S V, Parshani R, Paul G, et al. Catastrophic cascade of failures in interdependent networks [J]. *Nature*, 2010, 464 (7291): 1025 – 1028.

[101] Chen D B, Gao H, Lü L, et al. Identifying influential nodes in large-scale directed networks: The role of clustering [J]. *PloS one*, 2013, 8 (10): e77455.

[102] Chen B, J S Li, X F Wu, et al. Global energy flows embodied in

international trade: A combination of environmentally extended input-output analysis and complex network analysis [J]. *Applied Energy*, 2018 (210): 98 - 107.

[103] Chen G, Kong R, Wang Y. Research on the evolution of lithium trade communities based on the complex network [J]. *Physica A: Statistical Mechanics and Its Applications*, 2020 (540): 123002.

[104] Chen Z, An H, Gao X, et al. Competition pattern of the global liquefied natural gas (LNG) trade by network analysis [J]. *Journal of Natural Gas Science and Engineering*, 2016 (33): 769 - 776.

[105] Chen Z, Zhang L, Xu Z. Tracking and quantifying the cobalt flows in mainland China during 1994 - 2016: Insights into use, trade and prospective demand [J]. *Science of the Total Environment*, 2019 (672): 752 - 762.

[106] Connor K M, Davidson J R T, Lee L C. Spirituality, resilience, and anger in survivors of violent trauma: A community survey [J]. *Journal of Traumatic Stress*, 2003, 16 (5): 487 - 494.

[107] Criado R, Flores J, García del Amo A, et al. A mathematical model for networks with structures in the mesoscale [J]. *International Journal of Computer Mathematics*, 2012, 89 (3): 291 - 309.

[108] D'Agostino G, Scala A. *Networks of Networks: The Last Frontier of Complexity* [M]. Springer: New York, 2014.

[109] DeLellis P, Garofalo F, et al. Novel decentralized adaptive strategies for the synchronization of complex networks [J]. *Automatica*, 2009, 45 (5): 1312 - 1318.

[110] Donges J F, Schultz H C H, Marwan N, et al. Investigating the topology of interacting networks: Theory and application to coupled climate subnetworks [J]. *The European Physical Journal B*, 2011 (84): 635 - 651.

[111] Dutta R, Mira A, Onnela J P. Bayesian inference of spreading processes on networks [J]. *Proceedings of the Royal Society A: Mathematical, Physical and Engineering Sciences*, 2018, 474 (2215): 20180129.

[112] Erdos P, Renyi A. On randon graphs I [J]. *Publicationes Mathematicae*, 1959 (6): 290-297.

[113] Ermann L, Shepelyansky D L. Ecological analysis of world trade [J]. *Physics Letters A*, 2013, 377 (3-4): 250-256.

[114] Finkelman R B, Dai S, French D. The importance of minerals in coal as the hosts of chemical elements: A review [J]. *International Journal of Coal Geology*, 2019 (212): 103251.

[115] Freeman L C. Centrality in social networks conceptual clarification [J]. *Social Networks*, 1978, 1 (3): 215-239.

[116] Ge J, X Wang, Q Guan, et al. World rare earths trade network: Patterns, relations and role characteristics [J]. *Resources Policy*, 2016 (50): 119-130.

[117] Geng J B, Q Ji Y Fan. A dynamic analysis on global natural gas trade network [J]. *Applied Energy*, 2014 (132): 23-33.

[118] Girvan M, Newman M E J. Community structure in social and biological networks [J]. *Proceedings of the National Academy of Sciences of the United States of America*, 2002 (99): 7821-7826.

[119] Goh K I, Lee D S, Kahng B, et al. Sandpile on scale-free networks [J]. *Physical Review Letters*, 2003 (91): 148701.

[120] Goswami G G, Panthamit N. Does political risk lower bilateral trade flow? A gravity panel framework for Thailand vis-à-vis her trading partners [J]. *International Journal of Emerging Markets*, 2020, 17 (2): 600-620.

[121] Graedel T E, Nassar N T. The criticality of metals: Aperspective for geologists [J]. *Geological Society*, 2015, 393 (1): 291-302.

[122] Guan Q, An H, Wang K, et al. Functional trade patterns and their contributions to international photovoltaic trade revealed by network motifs [J]. *Energy*, 2020, 195: 116989.

[123] Guan Q, H An X Gao, et al. Estimating potential trade links in the

international crude oil trade: A link prediction approach [J]. *Energy*, 2016 (102): 406 – 415.

[124] Hewett D F. *Cycles in Metal Production* [R]. American Institute of Mining and Metallurgical Engineers, 1929.

[125] Holling C S. Resilience and stability of ecological systems [J]. *Annual Review of Ecology Evolution and Systematics*, 1973 (4): 1 – 23.

[126] Holme P, Saramäki J. Temporal networks [J]. *Physics Reports*, 2012, 519 (3): 97 – 125.

[127] Hu P, Fan W L, Mei S W. Identifying node importance in complex networks [J]. *Physica A*, 2015 (429): 169 – 176.

[128] Iqbal W, Fatima A, Yumei H, et al. Oil supply risk and affecting parameters associated with oil supplementation and disruption [J]. *Journal of Cleaner Production*, 2020 (255): 120187.

[129] Jiang M, An H, Gao X, et al. Identifying the key sectors in the carbon emission flows along the production chain paths: A network perspective [J]. *Ecological Indicators*, 2021 (130): 108050.

[130] Jiang M, An H, Guan Q, et al. Global embodied mineral flow between industrial sectors: A network perspective [J]. *Resources Policy*, 2018 (58): 192 – 201.

[131] Jokar E, Mosleh M, Kheyrandish M. GWBM: An algorithm based on grey wolf optimization and balanced modularity for community discovery in social networks [J]. *The Journal of Supercomputing*, 2022, 78 (5): 7354 – 7377.

[132] Kinney R, Crucitti P, Albert R, et al. Modeling cascading failures in the North American power grid [J]. *The European Physical Journal B – Condensed Matter and Complex Systems*, 2005, 46 (1): 101 – 107.

[133] Kumpula J M, Saramäki J, Kaski K, et al. Limited resolution in complex network community detection with Potts model approach [J]. *The European Physical Journal B*, 2007 (56): 41 – 45.

[134] L Lü, Y C Zhang, C H. Yeung and T. Zhou, Leaders in social networks, the delicious case [J]. *PLOS ONE*, 2011, 6 (6): e21202.

[135] Lee D S, Goh K I, Kahng B, et al. Sandpile avalanche dynamics on scale-free networks [J]. *Physica A*, 2004 (338): 84 – 91.

[136] Lemiere B, Uvarova Y A. New developments in field-portable geochemical techniques and on-site technologies and their place in mineral exploration [J]. *Geochemistry – Exploration Environment Analysis*, 2020 (20): 205 – 216.

[137] Li B, Li H, Dong Z, et al. The global copper material trade network and risk evaluation: A industry chain perspective [J]. *Resources Policy*, 2021 (74): 102275.

[138] Newman M E J. Analysis of weighted networks [J]. *Physical Review E—Statistical, Nonlinear, and Soft Matter Physics*, 2004, 70 (5): 056131.

[139] Macedo S V, Valadares J L, de Melo J R R. The formulation of Brazil's mineral policy: A multiple streams explanation [J]. *Resources Policy*, 2021 (74): 102270.

[140] Marshall A. *Principles of Economics: Unabridged Eighth Edition* [J]. New York: Cosimo Inc, 2009.

[141] Machacek E. Constructing criticality by classification: Expert assessments of mineral raw materials [J]. *Geoforum*, 2017 (84): 368 – 377.

[142] Magno C D, Guzman R R S. Energy and the viability of downstream integration: Cross-country evidence from the copper industry [J]. *The Extractive Industries and Society*, 2021, 8 (3): 100947.

[143] Martin R, Sunley P. On the notion of regional economic resilience: Conceptualization and explanation [J]. *Journal of Economic Geography*, 2015, 15 (1): 1 – 42.

[144] McNulty B A, Jowitt S M. Barriers to and uncertainties in understanding and quantifying global critical mineral and element supply [J]. *iScience*, 2021, 24 (7): 102809.

[145] Mehrotra R, Carbonnier G. Abnormal pricing in international commodity trade: Empirical evidence from Switzerland [J]. *Resources Policy*, 2021 (74): 102352.

[146] Mudd G M, Jowitt S M. Global resource assessments of primary metals: An optimistic reality check [J]. *Natural Resources Research*, 2018, 27 (2): 229–240.

[147] Nan C, Sansavini G. A quantitative method for assessing resilience of interdependent infrastructures [J]. *Reliability Engineering & System Safety*, 2017, 157: 35–53.

[148] Nassar N T, Brainard J, Gulley A, et al. Evaluating the mineral commodity supply risk of the US manufacturing sector [J]. *Science Advances*, 2020, 6 (8): eaay8647.

[149] Nguyen D B, Vaubourg A G. Financial intermediation, trade agreements and international trade [J]. *The World Economy*, 2021, 44 (3): 788–817.

[150] Olivetti E A, Ceder G, Gaustad G G, et al. Lithium-ion battery supply chain considerations: Analysis of potential bottlenecks in critical metals [J]. *Joule*, 2017, 1 (2): 229–243.

[151] Palla G, Derenyi I, Farkas I, et al. Uncovering the overlapping community structure of complex networks in nature and society [J]. *Nature*, 2005 (435): 814–818.

[152] Pettit T J, Fiksel J, Croxton K L. Ensuring supply chain resilience: Development of a conceptual framework [J]. *Journal of Business Llogistics*, 2010, 31 (1): 1–21.

[153] Ponomarov S Y, Holcomb M C. Understanding the concept of supply chain resilience [J]. *The International Journal of Logistics Management*, 2009, 20 (1): 124–143.

[154] Rossetti G, Cazabet R. Community discovery in dynamic networks:

A survey [J]. *ACM Computing Surveys* (CSUR), 2018, 51 (2): 1 – 37.

[155] Rosvall M, Bergstrom C T. Maps of random walks on complex networks reveal community structure [J]. *Proceedings of the National Academy of Sciences*, 2008, 105 (4): 1118 – 1123.

[156] Rybak J, Gorbatyuk S M, Kongar – Syuryun C B, et al. Utilization of Mineral Waste: A Method for Expanding the Mineral Resource Base of a Mining and Smelting Company [J]. *Metallurgist*, 2021 (64): 851 – 861.

[157] S Brin, L Page. The anatomy of a large-scale hypertextual web search engine [J]. *Computer Networks and ISDN Systems*, 1998, 30 (1 – 7): 107 – 117.

[158] Saito K, Kimura M, Ohara K, et al. *Selecting Information Diffusion Models over Social Networks for Behavioral Analysis* [C]. Joint European Conference on Machine Learning and Knowledge Discovery in Databases, 2010: 180 – 195.

[159] Sanderson A, Thomas L, Tafirenyika M. Factors affecting gold production in Zimbabwe (1980 – 2018) [J]. *Resources Policy*, 2021 (73): 102174.

[160] Sansavini G, Hajj M R, Puri I K, et al. A deterministic representation of cascade spreading in complex networks [J]. *Europhysics Letters*, 2009 (87): 48004.

[161] Sensier M, Bristow G, Healy A. Measuring regional economic resilience across Europe: Operationalizing a complex concept [J]. *Spatial Economic Analysis*, 2016, 11 (2): 128 – 151.

[162] Serrano, M. A., M. Boguna. Topology of the world trade web [J]. *Phys Rev E Stat Nonlin Soft Matter Phys*, 2003, 68 (1 Pt 2): 015101.

[163] Snyder D, E L Kick. Structural Position in the World System and Economic Growth, 1955 – 1970: A Multiple – Network Analysis of Transnational Interactions [J]. *American Journal of Sociology*, 1979, 84 (5): 1096 – 1126.

[164] Solá L, Romance M, Criado R, et al. Eigenvector centrality of nodes in multiplex networks [J]. *Chaos: An Interdisciplinary Journal of Nonlinear Science*, 2013, 23 (3): 033131.

[165] Sorrentino F, Di Bernardo M, Garofalo F, et al. Controllability of complex networks via pinning [J]. *Physical Review E—Statistical, Nonlinear, and Soft Matter Physics*, 2007, 75 (4): 046103.

[166] Sovacool B K, Ali S H, Bazilian M, et al. Sustainableminerals and metals for a low-carbon future [J]. *Science*, 2020, 367 (6473): 30 – 33.

[167] Sun Q, An H, Gao X, et al. Effects of crude oil shocks on the PPI system based on variance decomposition network analysis [J]. *Energy*, 2019 (189): 116378.

[168] Tian J F. Mining city resilience research [J]. *Proceedings of the Institution of Civil Engineers - Municipal Engineer*, 2021 (174): 192 – 200.

[169] Vidmer A, Zeng A, Medo M, et al. Prediction in complex systems: the case of the international trade network [J]. *Physica A: Statistical Mechanics and its Applications*, 2015 (436): 188 – 199.

[170] Wang W X, Ni X, Lai Y C, et al. Optimizing controllability of complex networks by minimum structural perturbations [J]. *Physical Review E—Statistical, Nonlinear, and Soft Matter Physics*, 2012, 85 (2): 026115.

[171] Watts D J, Strogatz S H. Collective dynamics of 'small-world' networks [J]. *Nature*, 1998 (393): 440 – 442.

[172] Wang W, Li Z, Cheng X. Evolution of the global coal trade network: A complex network analysis [J]. *Resources Policy*, 2019 (62): 496 – 506.

[173] Westman W E. Resilience: Concepts and Measures [M]//*Resilience in Mediterranean-type Ecosystems*. Dordrecht: Springer Netherlands, 1986: 5 – 19.

[174] Y Y Liu J J Slotine, A L Barabási, Controllability of complex networks [J]. *Nature*, 2011, 473 (7346): 167 – 173.

[175] Yang R, Wang W X, Lai Y C, et al. Optimal weighting scheme for suppressing cascades and traffic congestion in complex networks [J]. *Physical Review E*, 2009, 79 (2): 026112.

[176] Yu L, Li P, Zhang J, et al. Dynamic community discovery via common subspace projection [J]. *New Journal of Physics*, 2021, 23 (3): 033029.

[177] Zabré H R, Dietler D, Diagbouga S P, et al. Scoping review of the inclusion of economic analysis in impact studies of natural resource extraction projects [J]. *Impact Assessment and Project Appraisal*, 2021, 39 (4): 304 – 319.

[178] Zhang Q, Li M, Deng Y. Measure the structure similarity of nodes in complex networks based on relative entropy [J]. *Physica A: Statistical Mechanics and its Applications*, 2018 (491): 749 – 763.

[179] Zhong W, An H, Gao X, et al. The evolution of communities in the international oil trade network [J]. *Physica A: Statistical Mechanics and its Applications*, 2014 (413): 42 – 52.

[180] Zhou J, Deng L, Gibson P. SMEs' changing perspective on international trade credit risk management in China: A cultural values evolution approach [J]. *Asia Pacific Business Review*, 2022, 28 (3): 333 – 353.

[181] Zhou N, Wu Q, Hu X, et al. Synthesized indicator for evaluating security of strategic minerals in China: A case study of lithium [J]. *Resources Policy*, 2020 (69): 101915.

[182] Zhukov D, Andrianova E, Trifonova O. Stochastic Diffusion Model for Analysis of Dynamics and Forecasting Events in News Feeds [J]. *Symmetry*, 2021, 13 (2): 257.